WAS ELTERN WISSEN SOLLTEN

MEINRAD PERREZ · BEATE MINSEL · HEINZ WIMMER

Was Eltern wissen sollten

Eine psychologische Schule
für Eltern, Lehrer und Erzieher

Mit Karikaturen von Bruno Peyer

Lizenzausgabe 1992 für
Manfred Pawlak Verlagsgesellschaft mbH,
Herrsching

Umschlaggestaltung: Bine Cordes, Weyarn
Umschlagmotiv: Bavaria Bildagentur, Gauting
Gesamtherstellung: Mohndruck, Gütersloh
Printed in Germany
ISBN 3-88199-908-6

Inhaltsverzeichnis

Vorwort

Dieses Buch soll einen kleinen Beitrag dazu leisten, daß Erziehung erfolgreicher und unbeschwerter wird. Falsche Erziehungsmethoden belasten häufig von Anfang an die Familie. Das Verhältnis zwischen Eltern und Kindern wird dadurch unnötig gestört. Möge diese Schrift zu einer vergnüglicheren Gestaltung des Familienlebens beitragen!

Zehn Jahre nach dem Erscheinen des „Elternverhaltenstrainings“ haben sich die Autoren von neuem an den Tisch gesetzt. Das Anliegen, bedeutsame Erkenntnisse der modernen Erziehungspsychologie Eltern, Lehrern und Erziehern zugänglich zu machen, erforderte neben dem Überarbeiten von bewährten Inhalten die Berücksichtigung der neueren Entwicklungen der Erziehungspsychologie.

Wir haben vielen Freunden für ihre Unterstützung zu danken. Danken möchten wir vorab unseren Kindern, die uns bis jetzt freundlicherweise durch ihr Verhalten vor einer gründlichen Widerlegung der hier mitgeteilten Theorien bewahrt haben! Ebenso Ulrike Perrez-Harner für wertvollen Rat beim Verfassen dieser Schrift. Dann danken wir Dieter Hänggi, Nivardo Ischi, André Meier, Ulrike und Franz Petermann, Andrea Schedle, Herbert Schmid, Ulrich Simmel und den Studenten des Seminars „Eltern und Lehrer als Adressaten erziehungspsychologischer Hilfe“. Besonders erfrischend war die Kritik frei von der Leber von den Frauen des „Elternclubs-Schönberg“, Fribourg, die uns ausdrücklich autorisierten, das Buch als *„Klinisch geprüft“* zu deklarieren! Sie haben eine frühere Fassung von Text und Übungen durchgearbeitet und Verbesserungsvorschläge gemacht.

Dorly Aebischer hat bei der Erstellung des Begriffsverzeichnisses wesentlich mitgeholfen, indem sie nicht allgemeinverständliche Fachbegriffe mit Argusaugen herausgefischt hat. Ihr und Anita Büttiker danken wir herzlich für die Betreuung des Manuskriptes. In gleicher Weise danken wir Iris Schürmann-Mock für ihre gründliche Hilfe bei der sprachlichen Überarbeitung des Manuskriptes.

Bruno Peyer hat mit der Feder mitgedacht. Ihm herzlichen Dank für die Karikaturen!

Meinrad Perrez
Universität Fribourg

Beate Minsel
Universität Trier

Heinz Wimmer
Universität Salzburg

Abschnitt I:

Eltern beeinflussen Kinder – Kinder beeinflussen Eltern

Bedingungsgefüge Elternverhalten – Kindverhalten

Seit eh und je werden Kinder wohl mehr oder weniger streng von ihren Eltern nach den Normen der Kultur, in der sie leben, erzogen. Doch ungeachtet der spezifischen Erziehungsziele, die Eltern verfolgen, geraten Kinder nicht immer so, wie wir sie gerne möchten: Sie verhalten sich zum Beispiel aggressiv oder unselbständig. In einzelnen Fällen muß man von richtiggehenden Verhaltensstörungen sprechen. Wenn man sich nach den Gründen für diese „Mißerfolge" fragt, ist man allzuleicht geneigt, sie bei der Vererbung oder der Boshaftigkeit des Kindes zu suchen. Es ist sehr schwer, sich einzugestehen, daß solche Verhaltensweisen durch die eigene Erziehung bedingt sein könnten.

Es gibt jedoch zahlreiche Beweise dafür, daß Eltern das Verhalten ihrer Kinder wirkungsvoll beeinflussen. So benehmen sich die Mitglieder mancher Gesellschaften erstaunlich gleichförmig. Auch die moderne Erziehungsstilforschung hat den elterlichen Einfluß auf die Entwicklung der Kinder immer wieder durch Studien bestätigt. Es fällt uns als Eltern nicht schwer, diesen Einfluß anzuerkennen, solange wir mit den Ergebnissen unserer Erziehung zufrieden sind. Wenn die Kinder aber Probleme bereiten, neigen wir gerne dazu, die Schuld woanders zu suchen.

Die Beziehungen zwischen Eltern und Kindern verlaufen natürlich nicht so, daß alles, was die Kinder tun, sich direkt und einseitig auf das Verhalten ihrer Eltern zurückführen läßt. Auch der Einfluß der Kinder auf ihre Eltern darf nicht unterschätzt werden.

Der Einfluß beginnt bereits in der Schwangerschaft

Der kleine Embryo beeinflußt nicht nur sichtbar und unsichtbar den Körper seiner Mutter. Die Schwangerschaft hat auch psychologische Folgen. Diese hängen sicherlich auch davon ab, ob das Baby erwünscht oder nicht erwünscht ist. Susan Arbeit (1975) hat darüber hinaus nachgewiesen, daß die Schwangerschaft besonders die Einstellung der werdenden Mutter zu ihrer eigenen Mutter verändert. Die Schwangerschaft veranlaßt die werdenden Mütter zu einem Neuüberdenken ihrer Einstellung zur eigenen Mutter. Nach der Geburt setzt sich der Einfluß des Kindes auf die Mutter ständig fort.

Der Säugling: So klein und doch so mächtig

In einer gesunden Beziehung steuert der Säugling weitgehend das Verhalten von Mutter und Vater: Er schreit! Er schreit, wenn er Hunger hat oder naß ist oder sich allein fühlt, und dirigiert mit seinem Weinen seine Mitmenschen. In diesem Stadium ist es auch für die weitere Beziehung sehr wichtig, daß die Eltern feinfühlig und prompt auf die kindlichen Signale antworten:

Kinder, deren Mütter in den ersten drei Monaten unzuverlässig auf das Schreien reagiert haben, schreien während des ganzen ersten Lebensjahres häufiger als andere, deren Mütter das Schreien mehr beachtet haben. Diese Kinder mit den feinfühligeren Müttern entwickeln ab dem dritten und vierten Monat stärker andere Möglichkeiten, sich auszudrücken: Sie setzen häufiger Mimik, Gestik und ihre ersten Laute ein, um sich bemerkbar zu machen. Vgl. später S. 96ff.

Ein anderes beeindruckendes Beispiel für den Einfluß, den Kinder ausüben, liefern die Eltern selbst: In den ersten Monaten imitieren sie weit mehr das Verhalten ihrer Säuglinge als umgekehrt! Papousek & Papousek (1973) haben festgestellt, daß die Mütter dafür von den Säuglingen und Kleinkindern regelmäßig belohnt werden: Sie lächeln, wenn die Mutter ihre Laute und Gesten nachahmt.

In den ersten Monaten imitieren die Eltern weit mehr kindliches Verhalten als umgekehrt.

Wer erzieht wen?

Die Leistung, die Eltern und andere Erzieher vollbringen, indem sie die wesentlichen Verhaltensregeln unserer Kultur an die Kinder weitergeben, wollen wir bestimmt nicht schmälern. Bisher wurde jedoch häufig übersehen, daß Eltern und Lehrer nicht allein für das Ergebnis der Erziehung verantwortlich sind. Häufig fordern die Kinder selbst einen bestimmten Erziehungsstil heraus. Oft beeinflussen sie ihre Eltern erfolgreicher, als es umgekehrt der Fall ist. Wie das vor sich geht, ist heute teilweise bekannt.

An der Universität Freiburg in der Schweiz wurde durch Niggli, Perrez & Kramis (1982) mit einem Experiment untersucht, wie Kinder den Erziehungsstil ihrer Mütter beeinflussen. Zehn- und elfjährige Jungen mußten verschiedene Aufgaben lösen. Dabei sollten sie sich, ohne daß es die Mütter wußten, einmal selbständig und einmal unselbständig verhalten. Die Mütter reagierten prompt: Benahm sich ihr Kind unselbständig, waren sie lenkend und unterstützend, löste es seine Aufgabe geschickt, dann hielten sie sich zurück. Diese Ergebnisse stimmen mit jenen von Osofsky & O'Connell (1972) überein.

Kinder wie Eltern besitzen also durchaus Mittel, sich gegenseitig zu beeinflussen. Sie bilden, wie in den letzten Jahren gerne betont wird, ein System, dessen Elemente, Eltern und Kinder, sich wechselseitig bedingen. Mit Sicherheit beeinflussen noch viele andere „Miterzieher" das Verhalten von Eltern und Kindern. Doch von Geschwistern und Spielkameraden, Schule und Fernsehen soll hier nicht die Rede sein, da die Eltern wenig Möglichkeiten haben, deren Einfluß zu verändern. *Wir wollen in diesem Buch nur auf die Einflußfaktoren aufmerksam machen, die die Eltern wirklich kontrollieren können: bestimmte Gesichtspunkte ihres eigenen Verhaltens.* Wir wollen zeigen, daß es sehr stark von den Eltern abhängt, was die Kinder tun – auch dann, wenn sie sich sehr „unerwünscht" benehmen. Das gilt natürlich nicht, wenn die Kinder durch Vererbung, Krankheiten oder Hirnschädigungen verhaltensgestört sind. Aber selbst dann können sie sich durch die Erziehung positiv oder negativ entwickeln.

Die Ursachen des kindlichen Verhaltens können so verdeckt liegen, daß sie ohne psychologische Schulung kaum zu erkennen sind. Deshalb wird die Schuld gerne auf Vererbung oder Boshaftigkeit geschoben. Das muß nicht sein. Auch Laien können lernen, nach welchen Gesetzmäßigkeiten Verhaltensweisen erworben werden, und dadurch gleichzeitig ihr eigenes Verhalten als Erzieher besser verstehen. Da sowohl Kinder als auch Erzieher aktiv am Aufbau von Interaktionsmustern beteiligt sind, wollen wir die sozialen Prozesse im Rahmen eines Systems (Familie) verstanden wissen, innerhalb dessen sich die einzelnen Personen in bezug auf Verhalten und Einstellungen wechselseitig beeinflussen.

Abschnitt II:

Erziehungsziele „Selbständigkeit“ und „Selbstverantwortung“

Wer ein Kind erzieht, hat dabei immer ein bestimmtes Ziel vor Augen. Bevor man den eigenen Erziehungsstil kritisch betrachtet, muß zunächst einmal klar sein, was man damit erreichen will. Denn jedes Verhalten dem Kind gegenüber ist nicht an sich gut oder schlecht, sondern nur in Beziehung zu bestimmten Zielen. Ein Beispiel: Wer möchte, daß sein Kind selbständig wird und Eigeninitiative entwickelt, erreicht das bestimmt nicht durch Strenge oder dadurch, daß er unselbständiges Verhalten belohnt und selbständiges bestraft. Nur Eltern, die sich wünschen, daß ihr Kind abhängig und unselbständig wird, kämen mit diesen Methoden zum Ziel. Am Anfang aller Überlegungen müssen also die Fragen stehen: Was wollen wir eigentlich bei unseren Kindern erreichen? Mit welchen Fähigkeiten sollen sie später im Leben ausgestattet sein? Wie können diese Fähigkeiten von früh an und dem Alter des Kindes entsprechend gefördert werden?

Das umfassende Ziel der Erziehung besteht in dem Bemühen, Kinder in die Regeln einer Kulturgemeinschaft einzuführen und ihnen gleichzeitig bei ihrer Selbstentfaltung zu helfen. Die Schwerpunkte werden dabei in verschiedenen Kulturen durchaus unterschiedlich gesetzt, und je nach den gesellschaftlichen Umständen sind auch unterschiedliche Fähigkeiten wichtig für das Überleben des einzelnen und der Gemeinschaft.

Wir möchten in dieser Schrift vor allem jenen Eltern und Erziehern psychologisches Wissen und psychologische Mittel in die Hand geben, für die Selbständigkeit und Selbstverantwortung wichtige Erziehungsziele sind. Unter Selbstverantwortung verstehen wir das Bewußtsein, für eigenes Verhalten mitverantwortlich zu sein, die Fähigkeit, sich selbst an allgemeingültigen Kriterien zu messen. Und Selbständigkeit bedeutet für uns, daß ein Mensch fähig ist, Mittel und Wege zu finden und zu beschreiten, um seinen Zielen näherzukommen.

Unsere Zeit ist charakterisiert durch Herausforderungen, von deren Bewältigung nicht nur das menschenwürdige Überleben des einzelnen, sondern auch das unserer Kulturgemeinschaft und sogar unserer Umwelt abhängig ist. In kaum einer vorausgegangenen Zeit war wohl die Kluft zwischen den eingeübten Gewohnheiten und dem Verhalten, das eigentlich zum Überleben erforderlich wäre, größer als heute. Wir sind darauf trainiert, unseren Planeten zu plündern, während die Vorräte sichtbar begrenzter werden. Wir leben in einer Zeit, in der die selbstbezogenen Werte über alles gestellt werden, wo stattdessen Rücksichtnahme auf gemeinschaftliche Werte wichtig wäre. Viele von uns sind in ihren beruflichen Fähigkeiten hoch spezialisiert worden, während heute vielfältige, flexible Fähigkeiten zum Lösen von Problemen erforderlich sind.

Selbstverantwortung heißt für uns, die Fähigkeit, eigenes Handeln, Zielsetzungen des Handelns an allgemeinen Werten und Kriterien zu messen und auch für die Folgen eigenen Handelns geradezustehen. Menschen, die diese Eigenschaft besitzen, fragen sich nach den Gründen für ihr eigenes Tun und bewerten es. Sie haben damit die Voraussetzung, ihr Handeln verbessern zu können. Sie können Fehler eingestehen. Es scheint so, als seien wir auf diese ständige Korrektur unserer Handlungen durch die Vernunft angewiesen, um menschenwürdig leben zu können. Spontanes Handeln alleine wird der Vielschichtigkeit unserer Probleme jedenfalls nicht gerecht.

Ein selbständiger Mensch hat die Fähigkeit, bei der Lösung von Problemen nicht sofort fremde Hilfe in Anspruch zu nehmen, sondern eigene Lösungen auszuprobieren. Dadurch wird er unabhängiger von der ungerechtfertigten Kontrolle durch andere. Selbstverantwortung, die darüber wacht, daß das eigene Handeln an allgemeinen Werten orientiert bleibt, verhindert, daß das Selbständigkeitsstreben das Ich zum Nabel der Welt erhebt.

Diese Ziele sind alles andere als konkret. Es sind vielmehr allgemeine Richtziele. Erfolgreiches Erziehen wird nur möglich sein, wenn sie ständig, dem Alter des Kindes gemäß, konkretisiert werden. Und der Weg zu diesen Zielen ist keineswegs gradlinig. Er führt über die verschiedensten Einzelprobleme, die oft im Vordergrund stehen und den Blick auf das Wesentliche verstellen. Viele Erziehungsschwierigkeiten, von denen in diesem Buch die Rede sein wird, sind Hindernisse auf diesem Weg, die bewältigt werden müssen, sie sind sozusagen Symptome dafür, daß die Selbständigkeit und die Fähigkeit zur Selbstverantwortung und Selbstkontrolle noch in den Kinderschuhen stecken.

Vorschlag:

Fragen Sie sich, welches Ihre Erziehungsziele sind, und überlegen Sie sich

1. die Reihenfolge in der Bedeutsamkeit dieser Ziele (welches Ziel ist Ihnen wichtiger, welches weniger bedeutsam . . .).
2. Überlegen Sie sich, wie stark oder wie wenig Ihnen diese Ziele bisher bewußt waren.
3. Woher haben Sie diese übernommen?
4. Denken Sie über ihre Bedeutung für die Entwicklung und das spätere Leben Ihrer Kinder nach.

5. Sind diese Ziele ausreichend für ein verantwortungsvolles Leben in unserer Gesellschaft?
6. Was bedeutet für Sie Selbständigkeit?
7. Was bedeutet für Sie Selbstverantwortung?
8. Welche Konkretisierungsmöglichkeiten sehen Sie für Ihre Kinder unter Berücksichtigung ihres Alters und ihrer Entwicklung?

Abschnitt III:

Untersuchen Sie Ihre eigene Erziehungspsychologie

Sie haben sich Ihre wesentlichen Erziehungsziele vor Augen geführt. Als nächstes sei das Augenmerk auf Ihre Erziehungspsychologie gerichtet, das heißt, auf die Theorien, die Ihre erzieherischen Handlungen bisher geleitet haben. Bei der Organisation des praktischen Handelns, auch des erzieherischen, spielt das aufgrund eigener pädagogischer Erfahrung gespeicherte Wissen eine bedeutende Rolle. Jeder hat z. B. bestimmte Annahmen über sozialpsychologische Zusammenhänge, über die Frage, mit welchen erzieherischen Mitteln welche Ziele leichter erreichbar seien. Jeder, der seine Handlungen überdenkt, hat auch eine private Theorie über sie. Jeder ist auf seine Weise ein Theoretiker – ein Alltagstheoretiker –, und diese mehr oder weniger expliziten Theorien erwerben wir durch unsere private Erfahrung. Das unterscheidet u. a. die Alltagstheorien auch von den wissenschaftlichen Theorien, daß sie nicht auf intersubjektiv geprüfter Erfahrung, sondern auf privater, zufälliger beruhen. Man macht sich seinen „eigenen Reim“ oder übernimmt die Vorstellungen anderer oder einer Gruppe.

Mit Hilfe dieser Theorien regulieren wir unsere Handlungen. Sie bestimmen die Art und Weise, wie wir das Verhalten unserer Kinder erklären, aber auch wie wir darauf reagieren. Auch wenn erfolgreiches Handeln mitunter auf falschen wissenschaftlichen Theorien beruhen mag, so kann man doch annehmen, daß viele Bestandteile unserer Alltagstheorien richtig sind. Wir dürfen aber davon ausgehen, daß wir die theoretischen Grundlagen unseres erzieherischen Handelns *verbessern* können. Dies ist leichter, wenn wir uns über unsere bisherigen Theorien Rechenschaft ablegen. Wir können dann unsere Meinungen gegebenenfalls differenzieren und korrigieren im Sinne wissenschaftlicher Erkenntnisse, soweit welche für unsere Probleme vorliegen.

Beispiele solcher Alltagstheorien sind etwa die Annahme, daß häufiges Schreien die Lunge und die Stimmbänder von Säuglingen stärke oder daß die Neigung zur Aggression bei Kindern erblich bedingt sei. Daneben haben wir eine Reihe Überzeugungen, wie wir das kindliche Verhalten verändern können, z. B. wie Schüler am besten zu motivieren seien, wie man die Angst bewältigen könne, wie Kleinkinder am schnellsten trocken würden, usw.

Unsere Alltagspsychologie beeinflußt nicht nur unser Handeln. Oft verwenden wir sie zusätzlich, um unser Handeln zu *rechtfertigen*. Es ist deshalb nützlich, sich darüber klar zu werden, ob wir uns nicht manchmal deswegen gegen eine

Veränderung unserer Theorien wehren, weil sie uns helfen, unser psychisches Gleichgewicht zu bewahren.

Um unsere Theorien genauer kennenzulernen, ist es hilfreich, einige ihrer typischen Merkmale zu betrachten. Vielleicht versuchen Sie einmal, ein konkretes Problem aus Ihrem erzieherischen Alltag zu erklären.

Zum Beispiel:
Warum ist mein vierjähriger Sohn Markus in Anwesenheit fremder Personen scheu und zurückgezogen? Oder: Warum schlägt mein sechsjähriger Sohn Manfred häufig seine vierjährige Schwester?

Erklärungen zu den zwei Beispielen könnten etwa lauten: Markus ist scheu, weil er introvertiert ist (1). Introvertiert ist er, weil sein Vater auch eher zurückgezogen und introvertiert ist (2). Er ahmt seinen Vater nach (3). Oder er hat das scheue Wesen von seinem Vater geerbt (4). Oder Vererbung (5) und schlechte Erfahrungen (6) spielen zusammen. Denn er hat mehrere empfindliche Blamagen in Anwesenheit fremder Personen erlebt.

Manfred verhält sich häufig aggressiv gegen die jüngere Schwester aus Eifersucht (7). Sie hat ihm den Rang abgelaufen, was Ihm zu schaffen macht, zumal sie viel mehr Aufmerksamkeit erfährt. Oder weil sie ihm ständig die Spielsachen wegnimmt (8). Oder weil er im allgemeinen ein aggressives Kind ist (9), und weil Knaben im allgemeinen aggressiver sind (10).

Wie lassen sich diese Erklärungsversuche charakterisieren? Worin unterscheiden sie sich voneinander? Welches sind jeweils die erzieherischen Konsequenzen?

„Er schlägt, weil er aggressiv ist“: Erklären durch Charaktermerkmale

Ein Erklärungsmuster, das häufig verwendet wird, besteht in der Erklärung des Verhaltens durch Charaktereigenschaften oder Persönlichkeitsmerkmale. Man sagt, er verhält sich aggressiv, weil er in den verschiedensten Situationen dazu neigt, aggressiv zu sein; es ist ein Charaktermerkmal von ihm. Damit wird das konkrete Verhalten erklärt.

Beispiele für solche Erklärungen sind:
- Markus ist scheu, weil er introvertiert ist (1).
- Manfred ist im allgemeinen ein aggressives Kind (9).

Diese Verhaltenstendenzen oder Persönlichkeitsmerkmale werden oft auf Vererbung zurückgeführt:
- Markus ist introvertiert, weil sein Vater auch eher zurückgezogen und introvertiert ist (2).
- Er hat das scheue Wesen von seinem Vater geerbt (4).
- Knaben sind allgemein aggressiver (10).

Oder die generellen Verhaltenstendenzen werden als angelernt gedeutet:
- Markus hat mehrere empfindliche Blamagen in Anwesenheit fremder Personen erlebt (6).

– Manfred hat mit seinem aggressiven Verhalten meistens Erfolg gehabt und hat deshalb gelernt, sich auf diese Weise durchzusetzen.

Erklärungen durch Charaktermerkmale sind oft Scheinerklärungen, weil wir leicht Unbekanntes durch Unbekanntes erklären. Wir fragen, warum verhält er sich aggressiv? Die Antwort ist, weil er eine allgemeine Neigung zu Aggressionen hat. Woher wissen wir das denn überhaupt? Weil er sich aggressiv verhält. Solche Schlüsse haben wir „Alltagstheoretiker" schnell zur Hand, wenn es darum geht, das Verhalten anderer zu erklären. Bei der Erklärung unseres eigenen Verhaltens sind wir anscheinend vorsichtiger: Wenn ich die Lichthupe auf der Überholspur benütze, dann nicht, weil ich einen aggressiven Charakter habe, sondern weil ich in Eile bin. Aber was meine ich dazu, wenn hinter mir ein anderer Fahrer das gleiche tut?

Wenn wir das Verhalten eines Menschen durch „Charaktermerkmale" erklären, nehmen wir an, daß es Ursachen hat, die stabil und schwer zu beeinflussen sind.

„Er schlägt, weil er gereizt wurde": Erklären durch äußere Situationen

Oft nehmen wir an, daß ein bestimmtes Verhalten durch Situationen oder Reize ausgelöst wird. Bei der Erklärung (8) wird Manfreds aggressives Verhalten damit erklärt, daß ihm Spielsachen weggenommen worden sind. Bei Tieren und Menschen sind zahlreiche solcher Auslöser bekannt. Das Sexualverhalten wird durch ganz spezifische Reize ausgelöst, der Anblick eines Säuglings erweckt bei Erwachsenen Zärtlichkeit und den Wunsch, zu beschützen. Die Reaktionen auf Reize können angeboren oder erlernt sein. Wenn ein Kind bei rotem Lichtsignal nicht über die Straße geht, so ist diese Reaktion gelernt. Das Signal erklärt das Warten. Die Eifersucht des älteren Bruders kann ganz konkrete äußere Auslöser haben, wenn etwa der Besuch der jüngeren Schwester besondere Aufmerksamkeit zukommen läßt.

In vielen Fällen müssen in der Alltagspsychologie „Charaktermerkmale" dafür herhalten, daß man es verabsäumt hat, die Reize zu entdecken, die wirklich hinter einem bestimmten Verhalten stecken.

Die Erklärung von Verhalten durch äußere Situationen oder Reize zieht Ursachen heran, die nicht als dauerhafte Merkmale im Menschen liegen. Sie sind daher eher veränderbar, es sei denn die verhaltensbeeinflussenden, äußeren Umstände seien selbst stabile *Umweltfaktoren,* wie z. B. eine Wohnung, die zu klein und schwer zu wechseln ist.

„Er schlägt zu, weil er eifersüchtig ist“: Erklären durch innere Zustände

Gelegentlich erklären wir ein bestimmtes Verhalten auch durch „innere Zustände“ oder „bewußte Absichten“, manchmal im Zusammenhang mit äußeren Reizen. Das Beispiel (7) würde diesem Typus entsprechen.

Innere Zustände können auch bewußte oder unbewußte Konflikte sein, wie sie die Psychoanalyse beschreibt. Wenn ein Vater seinem brüllenden Kind eine Ohrfeige gibt, so kann man dafür verschiedene Erklärungen finden. Vielleicht ist er ärgerlich wegen des Brüllens, vielleicht ist er aus unbewußten Motiven heraus bestrafend, vielleicht hat er aber auch bewußte erzieherische Absichten oder gibt das zumindest vor.

Innere Ursachen von bestimmten Verhaltensweisen können auf Dauer stabil (z. B. bei unbewußten Konflikten) aber auch instabil (z. B. Absichten, Anstrengungen) sein.

Gerade dieses Beispiel zeigt, daß die psychologischen Erklärungen im Alltag oft eher Handlungen rechtfertigen, als sie erklären. Manch einer drückt einer Ohrfeige den Stempel „pädagogisch wertvoll“ auf, um mit sich selbst im reinen zu sein, wo er in Wirklichkeit vielleicht nur seine Wut abreagiert hat.

Das untenstehende Schema soll verschiedene oben genannte Erklärungsmöglichkeiten nochmals im Überblick zeigen.

Erklärung durch	**Beispiel Markus (scheu, zurückgezogen)**	**Beispiel Manfred (aggressiv gegenüber der Schwester)**
Persönlichkeitsmerkmale/ Charaktermerkmale	– introvertiert	– aggressiver Charakter
auslösende äußere Situationen oder Reize	– bei fremden Personen ist er besonders scheu	– Schwester nimmt ihm Spielsachen weg
auslösende innere Zustände/ Reize	– er möchte die Aufmerksamkeit seiner Mutter auf sich ziehen	– er ärgert sich über die Schwester

Diese psychologischen Erklärungen sind häufig Bestandteile unserer alltäglichen Erziehungstheorien. Sie werden beeinflußt von Freunden und Verwandten, von der Lektüre, die wir lesen, besonders aber durch unsere persönlichen Erfahrungen. Obwohl unsere Alltagserfahrung im Vergleich zur wissenschaftlichen oft unsystematisch und verzerrt ist, vermittelt sie uns doch ein unschätzbares, auch pädagogisches Wissen. Deshalb sollen Ihre persönlichen Erziehungstheorien auch nicht durch wissenschaftliche ersetzt werden. Wir wollen Sie vielmehr dazu anregen, Ihr vorhandenes Wissen zu prüfen, zu differenzieren und da oder dort zu korrigieren.

Vor allem sollten wir darüber nachdenken, welchen Einfluß unsere pädagogische Alltagstheorie auf unsere Erziehung hat. Ein Beispiel: Peter hat die Hausaufgaben nicht fertig gemacht. Wer jetzt denkt, das Kind ist faul, vielleicht sogar „von Natur aus" faul, wird mit Peter schimpfen und ihn zum Fleiß ermahnen. Dabei übersieht er vielleicht, daß Peter derzeit an der Schule keine Freude hat, Mißerfolg erlebt hat, daß er zu Hause keine günstigen Bedingungen zum Lernen hat oder nicht genug ermutigt wird; daß er nicht fähig ist, seine Aufgaben in einzelne Schritte zu zerlegen und sie nacheinander anzugehen.

Eine andere Theorie hätte hier bei den Eltern andere Wahrnehmungen ermöglicht und andere erzieherische Maßnahmen zur Folge gehabt.

Vorschlag:

1. Überlegen Sie sich, welches Ihre wichtigsten Erziehungsprinzipien sind.
2. Überlegen Sie, wie Sie zu diesen Prinzipien gekommen sind. Durch Ihre eigene Erziehung? Durch eigene Erfahrung, Beobachtungen an Ihren Kindern? Durch Personen, mit denen Sie zu tun haben? Durch Lektüre? Wodurch sonst?
3. Führen Sie die Übungen 1 bis 6 inkl. im Übungsteil durch.

Abschnitt IV:

Die Tücken von Lob und Strafe

Bei Ihren Überlegungen über geeignete Erziehungsmaßnahmen haben Sie sicher auch über Lob und Strafe nachgedacht. In der Tat verwenden alle Eltern diese Mittel, ob sie es wollen oder nicht und was immer sie davon halten. Ihre Bedeutung ist den Menschen seit jeher bekannt:

- Wir loben die Kinder für angemessenes Verhalten;
- wir tadeln unangemessenes Verhalten oder bestrafen es;
- wir übersehen gewisse Dinge bewußt;
- wir bemühen uns hin und wieder, selber den Kindern ein Vorbild zu sein;
- wir schenken ihnen Zuwendung oder wenden uns ab;
- wir akzeptieren gewisse Handlungen, andere lehnen wir ab;
- wir beschenken sie;
- wir nehmen ihnen Dinge weg;
- wir belehren sie, appellieren an ihre Einsicht, usw.

Mit allen diesen und ähnlichen Maßnahmen hoffen wir, das Verhalten der Kinder beeinflussen zu können. Dabei reagieren wir meistens ganz spontan und überlegen nicht lange, nach welchen psychologischen Gesichtspunkten unsere Handlungen gerechtfertigt sind.

Die Psychologie nennt diese Maßnahmen Lernprinzipien; sie hat sie in den letzten Jahrzehnten eingehend untersucht.

Im folgenden wollen wir einige Grundkenntnisse dieser Forschungen darstellen, die Sie teilweise aus Ihrer eigenen Erfahrung schon kennen.

Verbesserung der Selbst- und Fremdbeobachtung

Wenn wir erreichen wollen, daß ein Kind sich bestimmte Verhaltensweisen an- oder abgewöhnt, so ist es unerläßlich, daß wir uns zuerst genau darüber klar werden, worin dieses Verhalten besteht, wie es sich äußert. Das gleiche gilt natürlich für unser eigenes Verhalten.

Pauschale Charakterisierungen, wie „Nervosität", „Unselbständigkeit", „Selbständigkeit", „Trödelei", „Aggressivität", „mangelnde Konzentration", sind dazu ungeeignet. Auf der Seite der Eltern trifft dies für Begriffe wie

„Strenge", „Liebe", „Nachgiebigkeit", usw. zu. An ihre Stelle sollen klare, abgrenzbare Verhaltensweisen gesetzt werden, die man beobachten kann. Hier einige Beispiele:

Pauschale Charakterisierung:	**Beobachtetes Verhalten (Beispiele):**
Nervosität	Auf dem Stuhl herumrutschen; ständiges Kratzen an verschiedenen Körperstellen
Unselbständigkeit	Nicht allein Anziehen am Morgen; Hausaufgaben nur auf Aufforderung hin machen
Selbständigkeit	Allein Anziehen am Morgen; unaufgefordert Hausaufgaben machen
Trödelei	Länger als zehn Minuten für Anziehen am Morgen gebrauchen; mehr Zeit für das Essen als die Familie gebrauchen
Aggressivität	Verbale Drohungen gegenüber anderen Kindern; Schlagen und Stoßen
Mangelnde Konzentration	Anzahl des Weglaufens von den Schulaufgaben während einer bestimmten Zeit; Häufigkeit des Sprechens über aufgabenfremde Bereiche mit der Mutter während des Schulaufgabenmachens

Auf der Grundlage dieser genauen Beschreibung können wir feststellen, wie häufig und in welchen Situationen das Kind oder wir selbst uns so verhalten.

Durch diese Vorarbeit ist es leichter möglich festzustellen, ob die gewünschte Verhaltensänderung tatsächlich eintritt. Z. B. wissen wir dann genauer, wie oft der unkonzentrierte Wolfgang seine Hausaufgaben pro Tag unterbricht, und wir können, wenn wir mit einer Übung für konzentriertes Arbeiten einsetzen, verfolgen, ob sich bei Wolfgang in dieser Hinsicht etwas verändert. Oder wir können bei uns selber feststellen, wie oft oder wie selten wir Wolfgang loben, wenn er sich um konzentriertes Verhalten bemüht.

Vorschlag:

Führen Sie die Übungen 7 und 8 durch.

Die positive Bekräftigung oder Verstärkung

Eine der wirksamsten Methoden, um das Verhalten des Kindes zu beeinflussen, ist das Prinzip des Bekräftigungslernens, auch Verstärkungslernen genannt. Es bedeutet: Wenn eine bestimmte Verhaltensweise eine angenehme Konsequenz hat, so wird sie in Zukunft häufiger auftreten. Dieses Prinzip ist auch bei der Regulation des Erwachsenenverhaltens, des Erziehungsverhaltens wirksam.

Beispiel 1:
Wenn die fünfjährige Sabine ihr Zimmer aufräumt, lobt sie die Mutter oder zeigt die Mutter Freude. Für Sabine ist das Gelobtwerden angenehm. Sabine wird dadurch angeregt, ihr Zimmer aufzuräumen, weil sie gerne gelobt werden mag. Wir können sagen, das Loben der Mutter verstärkt Sabines Verhalten.

Beispiel 2:
Der zwölfjährige Thomas wäscht jeden Samstag das Auto seines Vaters und bekommt dafür einen bestimmten Geldbetrag. Das Geld zu bekommen, ist für Thomas wichtig, er wird auch weiterhin das Auto waschen. Geld ist für Thomas ein Verstärker.

Beispiel 3:
Wenn Angelika ihre Schulaufgaben fertig hat, darf sie mit ihrer Freundin im Garten spielen. Das Spielen macht ihr Spaß, es ist für sie ein Verstärker für das rechtzeitige Erledigen von Schulaufgaben.

Beispiel 4:
Wenn die Mutter die Lall-Laute ihres Säuglings nachahmt und dieser darauf lächelt, verstärkt er seine Mutter für die Nachahmung.

Beispiel 5:
Wenn ein Schüler im mündlichen Unterricht auf Fragen des Lehrers häufig richtige Antworten erteilt, so freut das den Lehrer. Der Lehrer wird dafür verstärkt, diesen Schüler häufiger aufzurufen.

Die Beispiele zeigen, daß es verschiedene Arten von Verstärkern gibt:

1. Die Verstärker, die in einem angenehmen zwischenmenschlichen Kontakt bestehen, nennen wir *soziale Verstärker;* z. B. Loben, Streicheln, aufmerksames Zuhören, Beifall klatschen, ermunternd zurufen (siehe Beispiele 4 und 5).
2. Die Verstärker, die irgendwie aus Material bestehen, sind *materielle Verstärker;* z. B. Geld, Süßigkeiten, Spielsachen, Blumen, Schallplatten (siehe Beispiel 2).
3. Besteht der Verstärker darin, eine angenehme Handlung durchzuführen, so sprechen wir von einem *Handlungsverstärker;* z. B. Spielen, Fernsehen, Lesen, ins Kino gehen, Musik hören (siehe Beispiel 3).

Diese Verstärker können auch gekoppelt vorkommen. Stellen Sie sich vor, Sie üben einen Beruf aus, der Ihnen Freude macht. Dann bekommen Sie unter Umständen alle drei Arten von Verstärkern: den Umgang mit sympathischen Menschen als sozialen Verstärker, Ihr Gehalt als materiellen Verstärker und die befriedigende Tätigkeit als Handlungsverstärker. Die bedeutsamste Verstärkung, die ein Kind erfahren kann, sind ohne Zweifel die Wertschätzung und die Liebe der Eltern.

Anwendung und Auswirkung der positiven Verstärkung

Viele Untersuchungen haben gezeigt, daß die Bekräftigung wirksamer ist, wenn der Verstärker unmittelbar auf das Verhalten des Kindes folgt. Wenn z. B. ein Kind, bevor es ins Bett geht, für eine Handlung, die es am Vormittag ausführte, belohnt wird, ist es möglich, daß dadurch das Verhalten, das der Belohnung unmittelbar vorausging, und nicht das des Vormittags verstärkt wird. Dies gilt weniger für Kinder, die schon älter und einsichtiger sind.

An einem Beispiel aus der Praxis soll noch einmal gezeigt werden, wie das Verstärkungslernen funktioniert:

Beim fünfjährigen Peter, der in seiner Sprachentwicklung zurückgeblieben war, sollte zunächst erreicht werden, daß er Gegenstände deutlich benennen kann und dann auch fähig wird, einfache Sätze zu bilden. Die Mutter wurde angewiesen, mit Peter täglich zweimal folgende Übung durchzuführen:

Sie sollte mit Peter einfache Bilderbücher durchsehen und bei jedem Bild den abgebildeten Gegenstand benennen, zum Beispiel: „Das ist ein Hund." Peter hatte die Aufgabe, auf die anschließende Frage der Mutter „Was ist das?" zu antworten, in diesem Fall: „Das ist ein Hund." Für jede Antwort, die eine befriedigende Ähnlichkeit mit der richtigen Aussprache hatte, wurde Peter sofort mit einem Knopf symbolisch belohnt (verstärkt). Je fünf Knöpfe konnte er gegen eines seiner Lieblingsbonbons eintauschen. Peter lernte auf diese Weise, innerhalb von sieben Tagen seine richtige Antwortzahl in einem bestimmten Bilderbuch von 5 auf 16 und in der folgenden Woche auf 24 von insgesamt 33 richtigen Antwortmöglichkeiten zu erhöhen.

Einige Überlegungen zum angemessenen Einsatz positiver Verstärker

Wenn wir beispielsweise möchten, daß Alfred seine Spielsachen am Abend aufräumt, so können wir folgendermaßen vorgehen: Wir werden mit Alfred

Lernprinzipien: Wenn eine angenehme Konsequenz auf ein Verhalten folgt, dann wird dieses Verhalten in Zukunft häufiger bzw. intensiver auftreten.

darüber sprechen, was wir von ihm erwarten, werden die Ziele seinem Alter gemäß nicht zu hoch stecken und ihm die Vorteile der Ordnung erklären. Hat Alfred (ausnahmsweise) an einem Abend ohne Aufforderung seine Spielsachen aufgeräumt, soll er nun unmittelbar nach dem Aufräumen oder schon während des Aufräumens für sein Verhalten belohnt, verstärkt werden. Dadurch wird es wahrscheinlicher, daß Alfred in den kommenden Tagen das gleiche Verhalten wiederholt. Wenn wir immer dann, wenn Alfred aufräumt, ihn für dieses Verhalten belohnen, so haben wir gute Chancen, daß Alfred allmählich selbständig seine Spielsachen aufräumt.

Die gelegentliche Verstärkung:
Noch mehr Erfolg werden wir haben, wenn wir nach einer gewissen Zeit Alfred nicht mehr nach jedem Aufräumen verstärken, sondern nur noch gelegentlich. Viele Untersuchungen haben nämlich gezeigt: Wenn ein Verhalten schon eine gewisse Festigkeit erlangt hat, dann wird es wesentlich wirksamer aufrechterhalten, wenn es nur noch gelegentlich und nicht immer verstärkt wird.

Zum Unterschied von der Immerverstärkung wird diese Verstärkung „gelegentliche Verstärkung" genannt. Verhaltensweisen, die durch die gelegentliche Verstärkung aufrechterhalten werden, sind besonders schwer zu verändern.

Wenn wir allerdings ganz aufhören, das erwünschte Verhalten des Kindes zu verstärken, kann es sehr gut sein, daß es wieder zu seinen alten Gewohnheiten zurückkehrt, es sei denn, es ziehe aus dem gelernten Verhalten ungeachtet der äußeren Verstärkung Nutzen.

Die materiellen Verstärker sollten bei jeder gezielten Verhaltensänderung nach und nach durch soziale abgelöst werden. Im positiven Fall werden schließlich gar keine künstlichen Verstärker mehr gebraucht, sondern der Einfluß der natürlichen mitmenschlichen Beziehungen reicht aus, um das neue Verhalten beizubehalten.

Ein Beispiel:
Der fünfjährige Herbert fällt beim Spielen mit seinen Kameraden durch Drohungen und außergewöhnlich häufiges Schlagen anderer Kinder auf. Nachdem eine Woche lang während einer bestimmten täglichen Spielstunde gezählt worden ist, wie oft diese Verhaltensweisen vorkommen, wird mit der Mutter folgende Regelung getroffen:

1. *Sie soll Drohen und Schlagen bei Herbert ignorieren;*
2. *Herbert soll für jede Viertelstunde, in der er anderen Kindern nicht droht oder sie prügelt, ein kleines Spielauto bekommen und von der Mutter gelobt werden, und zwar während einer Stunde Spielzeit am Vormittag und einer Stunde am Nachmittag. Herbert war damals besonders auf solche Spielautos versessen.*

Es wurde mit Herbert vereinbart, daß er für gewaltfreies Spielen mit anderen Kindern auf diese Weise belohnt würde. Herbert hatte nach kürzerer Zeit auf diese Verstärker spürbar angesprochen und seine aggressiven Verhaltensweisen vermindert.

Herbert zeigte am Abend mit Stolz dem Großvater die erworbenen Autos, der ihn auch dafür lobte.

Nach zwei Wochen wurde Herbert nur noch für eine halbe Stunde gewaltfreies Spielen materiell belohnt. Lob wurde jedoch weiterhin häufig ausgesprochen.

In einer dritten Phase wurde mit Herbert besprochen, daß er für eine Stunde friedliches Spielen am Abend mit dem Großvater zwanzig Minuten spielen dürfe. Die materielle Belohnung wurde jetzt gänzlich weggelassen.

Er erfuhr nun durch sein angenehmeres Verhalten durch die anderen Kinder auch mehr positive Zuwendung, so daß er dadurch allmählich auch nicht mehr abhängig vom abendlichen Spiel mit seinem Großvater war.

Der Verlauf dieser Verhaltensänderung vermag zu zeigen, wie zunächst über geplante materielle und soziale Verstärkung, dann über gezielte soziale Verstärkung (Lob und Spiel mit dem Großvater), schließlich zur natürlichen sozialen Verstärkung gelangt wurde.

Ein besonderes Problem stellt bei der Verhaltensänderung durch positive Verstärkung immer wieder die Auswahl geeigneter Verstärker dar. Sie verlieren nach einer gewissen Zeit oft ihre Wirksamkeit und müssen durch andere ersetzt werden. Das Suchen nach geeigneten Verstärkern nimmt oft Zeit in Anspruch und verläuft lange nicht immer so problemlos wie in dem geschilderten Fall. Der Fortschritt hängt dann meistens von der Einfühlungsgabe und der Phantasie der Erzieher ab.

Es ist klar, daß der Verstärkungsplan mit dem Kind eingehend besprochen wird. Man sagt ihm etwa (seinem Alter entsprechend), daß man ihm helfen will durch dieses Vorgehen, seine Schwierigkeiten besser zu meistern, und man bespricht mit ihm, für welches Verhalten es belohnt wird. Je nach dem Alter sind auch die konkreten Ziele mit dem Kind zu besprechen, so daß es eventuell die Ziele selbst festlegt.

Wenn das Kind ein Verhalten völlig neu erlernen soll, das es noch nie geäußert hat, so kann das natürlich nicht durch Verstärkung gelegentlicher Äußerungen dieses Verhaltens aufgebaut werden. In solchen Fällen wird damit begonnen, zunächst Verhaltensweisen zu verstärken, die eine Vorstufe zu dem erwünschten Verhalten darstellen. Dabei ist es dann erforderlich, in ganz kleinen Schritten vorzugehen. Für ein Kind, das nie mit anderen spielt, wäre z. B. ein erster Schritt, wenn es ein anderes Kind nur ansieht oder auf ein anderes Kind ein Stück zugeht. Ein weiterer Schritt wäre vielleicht, ein Wort mit dem anderen Kind zu sprechen, usw. Jeder einzelne Übungsschritt muß so lange verstärkt werden, bis das Kind ihn kann, ab dann verstärkt man den nächstschwierigeren Schritt. Diese Methode nennt man sukzessive oder schrittweise Verhaltensformung.

Dieses Vorgehen wird zweckmäßigerweise verbessert durch die Zuhilfenahme sprachlicher Anweisungen und, wie später dargelegt wird, durch das Beobachtungslernen.

Beispiel:
Karin ist nicht imstande, konzentriert ihre Schulaufgaben zu machen. Sie ist ständig zerstreut, kann nicht ruhig am Tisch sitzen und kann sich nicht sammeln. Im Sinne der schrittweisen Verhaltensformung wird Karin deshalb zunächst schon verstärkt, wenn sie den Tisch aufräumt und sich ruhig hinsetzt, um mit den Aufgaben zu beginnen. Dann kann sie z. B. angehalten werden, vier Minuten ruhig am Tisch zu sitzen und zu lesen, und wird jedesmal für die vier Minuten konzentrierten Lesens verstärkt. Allmählich wird die Zeit erhöht auf sechs, zehn und mehr Minuten.

Die folgenden Punkte seien zusammenfassend festgehalten:

1. *Verstärker müssen sofort auf das gewünschte Verhalten des Kindes folgen.*
2. *Verstärker, die erst viel später verabreicht werden, sind weniger wirksam (unwirksam), sie verstärken dann vermutlich das Verhalten, das der Belohnung gerade vorausgegangen ist. Dies gilt besonders bei kleineren Kindern.*
3. *Verstärker sollen zuerst möglichst oft auf das neu zu erwerbende Verhalten des Kindes folgen, später sollen Verstärker nur noch gelegentlich verabreicht werden.*
4. *Ein Verstärker ist umso wirksamer, je mehr er den augenblicklichen Wünschen und Bedürfnissen des Kindes entgegenkommt.*

Die Verstärkung selbständigen Verhaltens
Selbständiges Verhalten ist eine Kompetenz, die Kinder nicht plötzlich besitzen. Es muß geduldig und in kleinen Schritten aufgebaut werden. Eltern tun gut daran, wenn sie bereits kleine Ansätze dazu unterstützen. Das setzt voraus, daß sie diese auch wahrnehmen. Kinder wollen z. B. oft schon im zweiten Lebensjahr mit Besteck am Tisch essen. Erziehung zur Selbständigkeit heißt hier, solche Ansätze zu fördern und auch einmal negative Folgen in Kauf zu nehmen, z. B. Schmierereien.

Kinder scheinen ein großes Bedürfnis nach eigenem wirkungsvollen, selbständigen Handeln zu besitzen. Wer das ständig unterbindet, ständig an eigenen Versuchen herumnörgelt, fördert die Unselbständigkeit.

Nichtbewußte positive Verstärkung unerwünschter Verhaltensweisen

Wie verhält es sich aber nun mit unangenehmen Verhaltensweisen, von denen wir nicht verstehen können, warum sie von unseren Kindern geäußert werden, von denen wir nicht annehmen können, daß wir sie positiv verstärken?

Der siebenjährige träumerische Thomas reagierte in der ersten Volksschulklasse sehr schlecht auf Anforderungen der Lehrerin. Die Lehrerin berichtete uns, wenn sie die Kinder z. B. auffordere, ihre Hefte herauszunehmen, so sitze Thomas unbekümmert in seiner Bank und träume vor sich hin. Wenn sie es ihm dann persönlich sage, reagiere er immer noch nicht, erst auf die dritte oder vierte Aufforderung hin hole er sein Heft hervor. Wir hatten diesen Vorgang in der Schule dann selber beobachten können, auf den die Lehrerin mit bewundernswerter Geduld reagierte. Das Ergebnis unserer Beobachtung und der Analyse ergab, daß Thomas jedesmal, wenn er nicht auf die Aufforderung der Lehrerin reagierte, in seinem Verhalten durch besondere Zuwendung verstärkt wurde. Dadurch wurde sein Träumen verstärkt und aufrechterhalten.

Die Lehrerin wurde aufgefordert, diese Zuwendung konsequent zu unterlassen und den kleinen Thomas die negativen Konsequenzen, die aus seinem Verhalten zwangsläufig resultieren (z. B. nicht wissen, was die anderen gerade tun), spüren zu lassen. Vor allem aber sollte sie jedesmal, wenn Thomas sein Heft rechtzeitig hervornahm oder angemessen auf Aufforderungen reagierte, anfänglich immer, später nur noch gelegentlich, durch Lob verstärken.

Der siebenjährige Thomas hat innerhalb weniger Wochen gelernt, sich in der Schule kooperativ zu verhalten.

Es gibt noch zahlreiche andere Beispiele dafür, daß Eltern ein eigentlich unerwünschtes Verhalten verstärken:

Die dreijährige Regula ist in ihrer Sprache nicht altersgemäß entwickelt und verfügt nur über etwa zwei Dutzend Begriffe. Doch kommt sie damit ganz gut durch. Wenn sie etwas will, gestikuliert sie, und ihre Wünsche werden von den Eltern verstanden und erfüllt. Ist sie mit anderen Kindern zusammen, spricht ihr um zwei Jahre älterer Bruder für sie, der sie richtig versteht. Regula wird also für ihr Nicht-Sprechen ständig verstärkt und belohnt, indem sie ohne Sprache fast alles erreicht, was sie will.

Heinzi macht sich hin und wieder bei seinen Freunden dadurch wichtig, daß er ihnen kleine Geldbeträge anbietet oder mit den anderen Jungen Süßigkeiten kauft. Dieses Geld hat er gestohlen. Dies macht Heinzi bei seinen Freunden interessant, und sie belohnen ihn dafür mit ihrer „Anhängerschaft". Heinzis Verhalten, Geld zu stehlen, wird damit einerseits sozial verstärkt und andererseits auch noch materiell, da ihm natürlich die Süßigkeiten schmekken. Selbst das strafende Verhalten seiner Stiefmutter, die ihn im übrigen vernachlässigt und an ihm uninteressiert ist, wirkt in diesem Fall noch als Verstärker, da er durch ihre Strafen wenigstens eine vorübergehende Aufmerksamkeit auf sich lenken kann.

Diese Beispiele könnten beliebig erweitert werden. Auf diese Weise verstärken nicht nur die Eltern ihre Kinder, worauf bereits in Abschnitt I hingewiesen wurde, sondern ebenso die Kinder ihre Eltern.

Vorschlag:

1. Überlegen Sie, welche unerwünschten Verhaltensweisen von Ihren Kindern oder von Kindern Ihres Bekanntenkreises durch positive Verstärkung erworben und aufrechterhalten sein könnten.
2. Überlegen Sie, welche angemessenen Verhaltensweisen Ihrer Kinder Sie zu wenig verstärken, weil Sie sie für selbstverständlich erachten.
3. Führen Sie die Übungen 9, 10 und 11 zur Verhaltensbeobachtung und zur positiven Verstärkung durch.

Die negative Bekräftigung oder Verstärkung

Wenn durch ein Verhalten ein unangenehmer Zustand beendet wird, sprechen wir von negativer Verstärkung. Der Begriff „negative" Verstärkung soll Sie nicht irritieren. Er ist in der Psychologie so eingeführt, damit die zwei Arten von Folgen, die letztlich beide angenehm sind, deutlich unterschieden werden können: das Auftreten eines angenehmen Ereignisses; und das Aufhören eines unangenehmen Ereignisses, was dann natürlich auch als angenehm empfunden wird. Wenn Wilhelm Busch sagt: „Wer Sorgen hat, hat auch Likör", so heißt das, daß durch den Genuß des Alkohols vorübergehend die Sorgen unterdrückt werden – durch das Verschwinden der Sorgen, die Beendigung des negativen Zustandes, wird das Likörtrinken negativ verstärkt.

Auch für diese negative Verstärkung lassen sich weitere Beispiele anführen:

Eine Lehrerin entläßt ihre Klasse, die sich sehr rüpelhaft benimmt, etwas früher als vorgesehen. Sie beendigt dadurch einen für sie unangenehmen Zustand; ihr Verhalten wird negativ verstärkt. Nach Möglichkeit wird sie eine rüpelhaft sich benehmende Klasse in Zukunft früher entlassen. Die Schüler werden ebenso durch das frühe Entlassenwerden in ihrem Verhalten positiv verstärkt.

Viele Beschwichtigungen, wie wir sie aus dem täglichen Leben kennen, können als Folgen negativer Bekräftigungen aufgefaßt werden: Wenn ein Mächtiger droht und der Schwächere nachgibt, so wird der Mächtige für sein Drohen positiv verstärkt, der Schwächere durch das Aufhören der Drohung für sein Nachgeben negativ verstärkt.

Durch diese wechselseitigen Verstärkungen kann der Spannungszustand von Bedrohung, Angst und Nachgeben sehr lange aufrechterhalten werden.

Ein Beispiel aus der Praxis der Erziehungsberatung zeigt, daß man den Einfluß der negativen Verstärkung überwinden kann:

Die Mutter der zehnjährigen Erika klagt darüber, daß ihre Tochter am Morgen ständig trödelt und immer Mühe hat, den Schulbus zu erreichen, so daß die Mutter z. B. sich sehr oft genötigt sieht, ihr die Schuhbänder zu binden. Wir nehmen an, die Mutter verstärke dadurch das Trödeln von Erika und werde selber gleichzeitig negativ verstärkt, da sie durch ihr Helfen die eigene Spannung, ob die Tochter wohl noch den Bus erreiche, beseitige.

In der Beobachtungsphase wurde festgestellt, was genau unter „Trödeln" zu verstehen sei. Die Mutter schilderte uns eingehend, worin das Trödeln bei Erika bestand, und wir einigten uns, die folgenden Verhaltensweisen als „Trödeleinheiten" zu betrachten und in einer Häufigkeitsliste einzutragen (vgl. 8. Übung):

- „Länger als 5 Minuten nach dem Wecken im Bett bleiben."
- „Länger als 7 Minuten Morgentoilette."
- „Länger als 7 Minuten für Anziehen."

Nach der Beobachtungsphase bekam die Mutter die Anweisung, das Trödeln grundsätzlich nie zu beachten und in keinem Fall der Tochter beim Ankleiden zu helfen, sie lediglich sachlich auf die Uhrzeit aufmerksam zu machen. Das war der Tochter zu Beginn überhaupt nicht recht, und sie versäumte auch zweimal den Bus. Innerhalb weniger Wochen lernte sie jedoch vollkommen selbständig ihre Zeit am Morgen einzuteilen und in die Schule zu gehen. Dabei spielten gewiß auch die unangenehmen Konsequenzen ihres Trödelns – Bus versäumen, in der Schule gerügt werden – eine Rolle.

Zusammenfassend läßt sich festhalten, daß Eltern häufig unerwünschte Verhaltensweisen ihrer Kinder positiv verstärken. Die Eltern selbst werden durch ihre Erziehungsmaßnahmen häufig negativ verstärkt, sie können also damit unangenehme Zustände und Gefühle beseitigen. Sie erfüllen ihren Kindern bestimmte Wünsche, weil sie unangenehm quengeln (um das Quengeln zu beseitigen), oder sie helfen den Kindern bei Tätigkeiten, die diese längst selber können, weil es den Eltern zu langsam geht, usw.

Fragen zur Wiederholung

1. *Welche Wirkung hat es, wenn der Verstärker sofort auf das gewünschte Kindverhalten folgt?*
   Und wenn er mit großer zeitlicher Verzögerung verabreicht wird?
2. *Worauf ist zu achten bei der sukzessiven Verhaltensausformung, beim Prinzip der kleinen Schritte?*
3. *Worin besteht der Unterschied zwischen der positiven und der negativen Verstärkung?*

> **Vorschlag:**
>
> Überlegen Sie, wo Sie in Ihrem erzieherischen Verhalten unter dem Einfluß negativer Verstärkung stehen, wo Sie also zu Erziehungsmaßnahmen neigen, die den Effekt haben, einen für Sie unangenehmen Zustand, der durch das Kindverhalten bedingt ist, zu beseitigen. Z. B. wie oft braucht das Kind nicht zu helfen, weil es Ihnen zu langsam geht? Oder wie oft gehen Sie auf Quengeleien ein und versuchen, das Kind abzulenken?

Bestrafung durch Entzug positiver Verstärker (Wegnehmen von etwas Angenehmem)

Im Entzug positiver Verstärker auf ein bestimmtes Verhalten hin besteht ein weiteres wichtiges Erziehungsprinzip. Darauf beruht eine unserer wichtigsten Bestrafungsmethoden. Wir drehen den Fernseher ab, weil die Kinder über das Programm streiten. Man entzieht einem Kind die Aufmerksamkeit, weil es unartig ist. Die Häufigkeit des unerwünschten Verhaltens wird sich dann verringern, wenn es nicht mehr wie vorher positiv verstärkt wird. Ein derartiger Prozeß wurde bereits beim Fall der zehnjährigen Erika beschrieben. Unangenehme Verhaltensweisen sind deshalb schwer zu schwächen, weil wir uns einerseits wegen unserer Inkonsequenz schwertun, dem unerwünschten Verhalten immer die positive Verstärkung (Belohnung), z. B. Zuwendung, zu entziehen, und weil andererseits sehr oft auch der Erzieher gar nicht dabei ist, wenn das unerwünschte Verhalten vorkommt. Durch Inkonsequenz und zeitweiliges Übersehen kommt dann statt der Schwächung eine gelegentliche Verstärkung zustande, wodurch, wie schon beschrieben, Verhaltensweisen gerade beibehalten werden.

Bei dieser Methode sieht es zunächst so aus, als würde man genau das Gegenteil seiner Absicht erreichen. Das Kind wird nämlich sein Verhalten, das bisher so erfolgreich war, verstärkt einsetzen, um die Zuwendung der Eltern zu erreichen. Erst nach und nach lernt es, daß dies grundsätzlich nicht mehr möglich ist.

Es gibt viele Beispiele in der Erziehung, in denen Eltern Verhaltensweisen ihres Kindes durch Zuneigung ungewollt verstärken. Hier wird der Entzug dieser positiven Verstärker notwendig sein. Aber aufgepaßt! „Unartiges" Verhalten ist für das Kind oft das einzige oder jedenfalls erfolgreichste Mittel, um die Zuwendung der Eltern oder Erzieher zu bekommen. Bevor Eltern die Verstärker für unerwünschtes Verhalten konsequent entziehen, müssen sie sich fragen, ob sie das Kind genügend beachten, wenn es „brav" ist, wie sie ihre Zuwendung in diesem Fall vergrößern können.

Verstärkerentzug darf nicht mit Liebesentzug verwechselt werden. Das Kind darf nicht – zum Beispiel weil es unartig war – insgesamt abgelehnt werden. Eine Mutter, die sagt: „Jetzt hat die Mama Dich aber nicht mehr lieb", kann dazu beitragen, daß ihr Kind sein Selbstvertrauen verliert, unsicher und ängstlich wird. Bestrafung durch Entzug positiver Verstärker bedeutet dagegen: Nur eine bestimmte, unerwünschte Verhaltensweise des Kindes wird nicht mehr belohnt, nach Möglichkeit ignoriert. In den übrigen Bezügen vermitteln die Eltern dem Kind weiterhin, daß es geliebt wird.

Bestrafung durch unangenehme Konsequenzen

Die zweite und häufigere Reaktion auf unerwünschtes Verhalten ist die Bestrafung durch aversive Konsequenzen. Zum Beispiel geben manche Eltern einem Kleinkind einen Klaps, wenn es ein scharfes Messer anfaßt, und hoffen dann, daß es in Zukunft keine Messer mehr anfaßt. Oder man schimpft ein Kind, wenn es abends nicht rechtzeitig ins Bett geht. Jeder Erzieher hat aber zur Genüge und immer wieder erleben können, wie wenig auf die Dauer strafende Maßnahmen allein im Hinblick auf eine Verhaltensänderung nützen. Diese Alltagserfahrungen stimmen mit zahlreichen sorgfältigen wissenschaftlichen Untersuchungsergebnissen überein, die immer wieder gezeigt haben, daß mit Strafe dieser Art ein Verhalten zwar für kurze Zeit gehemmt werden kann, bald jedoch wieder auftritt.

Strafen dieser Art können unerwünschtes Verhalten nur unterdrücken (nicht löschen) und das auch nur unter folgenden Bedingungen:

1. das Kind kann der Strafe nicht entfliehen,
2. die Strafe ist intensiv,

3. sie folgt auf jedes entsprechende unerwünschte Verhalten,
4. sie folgt sofort auf das unerwünschte Verhalten,
5. sie ist nicht mit positiver Verstärkung für das Kind verbunden,
6. dem Kind ist klar, daß die Strafe auf dieses unerwünschte Verhalten bezogen war.

(Vgl. Reinecker, 1980)

Die Strafe muß sofort auf das unerwünschte Verhalten folgen.

Es ist leicht zu erkennen, daß diese Bedingungen äußerst selten konsequent realisierbar sind, meistens treffen nur eine oder zwei der sechs minimalen Bedingungen zu.

Zum Beispiel wird ein Kind immer von seiner Mutter geprügelt, wenn es andere Kinder schlägt. Dadurch soll das aggressive Verhalten des Kindes verändert werden. Statt das Schlagen abzubauen, lernt das Kind, andere Kinder nicht mehr zu prügeln, wenn die Mutter dabei ist. Wenn die Mutter abwesend ist (vgl. die 3. Bedingung), wird es weiter andere Kinder schlagen. Sein Verhalten wird bei Anwesenheit der Mutter unterdrückt, aber nicht für alle Situationen gelöscht.

Dort, wo Strafe als Erziehungsmittel angewendet wird, lernen die Kinder normalerweise nicht, ihr Verhalten dauerhaft zu ändern, sondern sie lernen, das unerwünschte Verhalten zu vermeiden, wenn sie eine mögliche strafende Instanz wahrnehmen. Ist das nicht der Fall, dann kehren sie zu ihren alten Verhaltensformen zurück. So betrachtet, ist Strafe kein sehr wirksames Erziehungsprinzip.

In ausgeprägter Form kann dies in streng geführten Erziehungsheimen festgestellt werden, die als hauptsächliches Erziehungsprinzip Strafe in diesem Sinne verwenden. Die Kinder oder Jugendlichen passen sich im Heim an, um unangenehmen Konsequenzen zu entgehen, sobald sie dem Heim den Rücken gekehrt haben, ist von dieser Anpassung nichts mehr zu spüren. Die perfekte Ordnung in diesen Häusern ist oft nichts anderes als Schein.

Auswirkungen der Strafe

Die Alltags- wie die wissenschaftliche Erfahrung zeigen, daß Strafe neben ihrer Unwirksamkeit weitere schwerwiegende Folgen hat, wenn sie als vorwiegendes oder häufiges „Erziehungsmittel" angewendet wird.

Die Strafe, besonders die Körperstrafe oder Strafe durch Liebesentzug, löst beim Bestraften sehr oft Angst aus. Kinder, die ihre Eltern als eher strafend, als streng erleben, sind nach empirischen Untersuchungen ängstlicher als Kinder, die von ihren Eltern unterstützt werden.

Strafe belastet das Kind-Eltern-Verhältnis, da das Kind die feindselige Komponente der Strafe auf die bestrafende Person überträgt.

Das Kind erlebt ferner besonders durch Körperstrafe aggressive Vorbilder (Modelle) und erlernt dadurch, selbst aggressiv auf die Umwelt einzuwirken. (Auf diesen Aspekt wird im nächsten Abschnitt näher eingegangen.) Die Befunde der sorgfältigen Studie von Schneewind, Beckmann Engfer (1983) zeigen: „Kinder, die von ihren Eltern hart bestraft werden, fühlen sich von diesen abgelehnt und zeigen die Tendenz, sich aggressiv und antisozial zu verhalten. Mit der Erfahrung der elterlichen Ablehnung verbinden sich beim Kind zudem external Kontrollüberzeugung, Minderwertigkeitsgefühle und eine leistungsmindernde Emotionalität in Anforderungssituationen."

Warum strafen wir trotzdem?

Obwohl die Strafe als Erziehungsprinzip sehr viele Nachteile aufweist, ist sie noch immer ein sehr verbreitetes Erziehungsmittel. Die Frage, warum die

Strafe so häufig verwendet wird, kann zumindest teilweise durch das Verstärkungsprinzip erklärt werden.

Es wurde in den vorhergehenden Abschnitten dargelegt, daß ein Verhalten häufiger auftritt, wenn darauf sofort positive Konsequenzen folgen. Für den Erzieher bestehen die positiven Folgen der Strafe offensichtlich darin, daß das unerwünschte Verhalten des Kindes sofort unterdrückt wird. Diese Tatsache verstärkt das strafende Erzieherverhalten, auch wenn der Erfolg nur kurzfristig ist.

Dazu kommt, daß der Erzieher mit der Bestrafung seine Wut am Kind abreagiert. Oft fehlen ihm auch andere erzieherische Verhaltensmuster, weil er sie selbst nicht erlernen konnte, vielleicht selber auch eher strafende Eltern hatte. Die Ergebnisse der Studie von Schneewind, Beckmann Engfer (1983) sind aufschlußreich für die Frage der Gründe, wann Eltern strafen. Die Autoren fassen die Ergebnisse folgendermaßen zusammen: „Die wichtigsten Bedingungen für die Vorhersage harter elterlicher Strafen sind – in der Rangfolge ihrer Bedeutsamkeit – ‚ein schwieriges Kind', elterliche Ohnmacht und Ärgerneigung, rigide Machtbehauptung in der Beziehung zum Kind und innerfamiliäre Probleme und Konflikte."

Alternativmöglichkeiten zur Strafe

Warum mit Strafen so wenig erreicht wird, kann man sich auch folgendermaßen verdeutlichen: Durch Strafe wird einem Kind etwas weggenommen, was es gern tut. Es ist eigentlich leicht einzusehen, daß niemand sich ohne weiteres etwas wegnehmen läßt, ohne daß er dafür etwas wiederbekommt. Diesen Ausgleich – daß der Erzieher dem Kind etwas wegnimmt und ihm gleichzeitig etwas dafür wiedergibt – finden wir genau beim Prinzip der positiven Verstärkung. Bei dem folgenden Beispiel wird ersichtlich, wie die Verstärker verschoben werden, und zwar werden sie immer für das erwünschte Verhalten gegeben statt für das unerwünschte:

Eine Mutter, die ein Elternverhaltenstraining besucht hatte, berichtete uns, daß sie nach unermüdlichen, auch mit Strafe erfolglosen Versuchen, die Kinder um zwanzig Uhr ins Bett zu bringen, mit den beiden Söhnen (zehn- und zwölfjährig) folgendes Verstärkungsprogramm vereinbart hatte: Das Taschengeld wird ab jetzt ersetzt durch Prämien, die sie sich verdienen können: Für jedes rechtzeitige Zu-Bett-Gehen bekommen sie zwei Schilling. Dadurch konnten sie sich noch mehr Geld verdienen, als sie zuvor pro Monat zur Verfügung hatten. Für jedes Zu-spät-ins-Bett-Gehen mußte der Mutter ein Schilling zurückgegeben werden.

Die Mutter berichtete über eine frappierend schnelle Verhaltensänderung der beiden Söhne, die vorher durch alle möglichen Strafen nicht zu erreichen war. Sie mußte dann allerdings das Verstärkungsprogramm nach einiger Zeit verändern, um seine Wirksamkeit aufrechterhalten zu können. Sicherlich mag man dagegen einwenden, daß dadurch das angepaßte Verhalten des Kindes vom Geld abhängig gemacht werde und das Kind später womöglich nur noch gegen Geld bereit sei, sich sozial zu verhalten. Dazu muß folgendes gesagt werden:

Wenn sich die neue Verhaltensweise gefestigt hat, wird die dauernde Verstärkung durch gelegentliche Verstärkung, die dann ja noch wirksamer ist, abgelöst. Die materiellen Verstärker werden im Laufe der Entwicklung weitgehend durch soziale, die primären weitgehend durch sekundäre, symbolische Verstärker abgelöst, woraus sich für die Praxis wichtige Folgerungen ergeben.

Für den oben geschilderten Fall würde das bedeuten:

- Die Mutter müßte von Anfang an nicht nur mit Geld, sondern auch mit Lob, Freude-Zeigen, usw. verstärken;
- wenn die Jungen gelernt haben, rechtzeitig ins Bett zu gehen, könnte sie schrittweise wieder zu einer „normalen" Taschengeldregelung zurückkehren. Z. B. könnte sie vereinbaren, daß die Hälfte des Taschengeldes wöchentlich ausbezahlt wird und die andere Hälfte durch rechtzeitiges Zu-Bett-Gehen dazu verdient werden kann. Allmählich könnte man das Geld als Verstärker ganz abbauen und nur noch andere Verstärker einsetzen, z. B. könnten die Jungen samstags länger aufbleiben dürfen, wenn sie die ganze Woche rechtzeitig im Bett waren.

Wann kann Strafe doch gerechtfertigt sein?

Trotz der Nachteile der Strafe als Erziehungsprinzip scheint es einige Situationen zu geben, in denen auf sie zurückgegriffen werden muß.

Wenn ein Kind durch sein Verhalten sich selbst oder andere so gefährdet, so daß es sofort gebremst werden muß und andere Mittel nicht zur Verfügung stehen, ist unseres Erachtens Strafe gerechtfertigt.

Gelegentlich kann der Aufbau eines erwünschten Verhaltens dadurch unterstützt werden, daß das Kind die „natürlichen" Konsequenzen seines unerwünschten Verhaltens selbst tragen muß. Strafe bedeutet hier nicht, daß das Kind willkürlich gedemütigt oder verletzt wird, sondern daß es erfährt, daß sein Verhalten reell nachteilige Konsequenzen hat.

Z. B. zerstört ein Kind mutwillig das Spielzeug eines anderen:

Willkürliche Strafe:	Ohrfeige früher ins Bett gehen usw.
„Natürliche" Konsequenz:	Aus der eigenen Sparbüchse Geld für den Ersatz des Spielzeuges geben. (Das wäre gleichzeitig eine Form der Wiedergutmachung.)

Die verschiedenen Möglichkeiten von Verhaltenskonsequenzen können folgendermaßen zusammengefaßt werden:

	Hinzufügen / Auftreten	**Wegnehmen / Aufhören**
Positive, angenehme Reize/Zustände	Positive Verstärkung (erhöht die Auftretenswahrscheinlichkeit von Verhalten / stärkt Verhaltenstendenzen)	Strafe I (vermindert die Auftretenswahrscheinlichkeit von Verhalten)
Negative, unangenehme, aversive Reize/ Zustände	Strafe II (vermindert unter komplexen Bedingungen die Auftretenswahrscheinlichkeit von Verhalten)	Negative Verstärkung (erhöht die Auftretenswahrscheinlichkeit von Verhalten / stärkt Verhaltenstendenzen)

Fragen zur Wiederholung

1. *Welche Folge hat die Strafe, die darin besteht, daß bei unerwünschtem Verhalten positive Verstärker konsequent entzogen werden?*
2. *Welche Folgen hat die Strafe durch unangenehme Konsequenzen für das Kind neben der unmittelbaren, aber nur kurzdauernden Verhaltenshemmung?*
3. *Warum wird Strafe durch Verabreichung unangenehmer Reize (Konsequenzen) trotzdem so häufig angewendet, obwohl sie in fast jeder Hinsicht als ungünstiges Erziehungsprinzip einzustufen ist?*
4. *Worin besteht der Unterschied zwischen willkürlicher Strafe und Strafe als „natürliche" Konsequenz?*

Vorschlag:

Führen Sie die Übung 12 durch!

Abschnitt V:
Was Vorbilder bewirken können

Auch das Lernprinzip, das wir jetzt vorstellen wollen, ist in einigen Aspekten allgemein bekannt: das sogenannte Beobachtungslernen. Es gehört zum Bestand alter Volksweisheit, daß Vorbilder vorzügliche Erziehungsmittel sind. Dennoch wird ihre Wirksamkeit immer wieder unterschätzt:

Eltern streiten miteinander und meinen, ihre Kinder sollten sich vertragen; Eltern gebrauchen Kraftausdrücke und meinen, Kinder sollten anständig reden. Erzieher verhalten sich geringschätzig Kindern gegenüber und erwarten Wertschätzung und Achtung von den Kindern. . . . Das sind alles Beispiele von erzieherischen Verhaltensweisen, die dieses Lerngesetz mißachten.

Wie geschieht das Beobachtungslernen?

Unter bestimmten Bedingungen lernt ein Mensch Verhaltensweisen, indem er einen anderen nachahmt. Die Person, die nachgeahmt wird, wird im folgenden als *Modell* bezeichnet. Dies kann geschehen
- indem der Lernende das Modell direkt beobachtet oder
- indem der Lernende davon hört oder liest, daß das Modell etwas tut.

Die wichtigsten Bedingungen dafür, daß eine Person als Modell dient, sind:
- die Handlung des Modells darf für das Modell keine negativen Konsequenzen haben,
- das Modell selbst muß vom Lernenden als Person akzeptiert werden.

Durch das Beobachtungslernen können
- neue Verhaltensmuster aufgebaut,
- bestehende Verhaltensmuster verstärkt oder
- bestehende Verhaltensmuster geschwächt, gelöscht werden.

Über Beobachtungslernen erwerben Kinder z. B. teilweise das Sprechen. Sie hören Sprechen von den Menschen in ihrer Umgebung, und sie versuchen, es nachzuahmen. Dafür werden sie meistens noch zusätzlich verstärkt, indem sie für wortähnliche Äußerungen gelobt werden. Kinder lernen durch Beobachtung zahlreiche motorische Fähigkeiten, z. B. das Essen mit Besteck, und ebenso emotionale Verhaltensweisen, Höflichkeit, Angstreaktionen und Einstellungen. Kinder mit ängstlichen Müttern reagieren in vielen Fällen ängstlich. Diese Reaktionen werden auch in neuen Situationen geäußert, in denen das Modell nicht anwesend ist. Auch wenn Mütter Gewalt anwenden, um ihre Anweisungen bei den Kindern durchzusetzen, wird das von ihnen im Kontakt mit anderen Kindern nachgeahmt.

Eine gute gefühlsmäßige Beziehung zum Vorbild oder hohes Prestige des Vorbildes scheinen für das Beobachtungslernen bedeutsame Voraussetzungen zu sein, da es dadurch erst als nachahmenswerte Persönlichkeit in Betracht kommt. Weiter fördert die Belohnung des Nachahmens das Beobachtungslernen erheblich. In einer Untersuchung wurde festgestellt, daß Jungen, die von ihren Vätern häufig belohnt und liebevoll behandelt werden, im Puppenspiel die Vaterrolle bedeutend häufiger übernehmen als Knaben, deren Väter kalt und nichtbelohnend sind. Daraus geht hervor, wie wichtig es für Eltern und Erzieher ist, eine gute gefühlsmäßige Beziehung zum Kind zu haben, um als Vorbild akzeptiert zu werden.

Eine andere Untersuchung wurde mit besonders aggressiven Vorschulkindern durchgeführt, die dazu neigten, andere Kinder herumzukommandieren. Diese stark auffälligen Kinder wurden in zwei Gruppen eingeteilt. Die eine Gruppe – die Kontrollgruppe – wurde nicht behandelt. Der anderen Gruppe – der Versuchsgruppe – wurden insgesamt elf Puppenspiele von je fünfzehn Minuten Dauer vorgeführt. Die Puppen stellten Kinder dar, die Konflikte erlebten, wie sie auch unter richtigen Kindern auftauchen.

Wenn die Puppen im Spiel sich friedlich einigten, wurden sie belohnt, stritten sie sich jedoch, wurden sie bestraft. – Nachdem die Kinder diese Puppenspiele gesehen hatten, wurde mit ihnen über das Gesehene gesprochen. Anschließend wurden die Kinder in ihrer gewohnten Spielsituation beobachtet. Dabei zeigte sich:

- die Kinder der Versuchsgruppe waren bedeutend weniger aggressiv und kommandierten die anderen nicht mehr so stark herum;
- bei den Kindern der Kontrollgruppe zeigte sich keine Veränderung im Verhalten.

Über das Beobachtungslernen werden weitgehend auch Gruppennormen und Einstellungen erworben. Thomas Gordon (1972) schreibt dazu: „Eltern können ihre Wertvorstellungen lehren, indem sie sie vorleben. Wenn sie wollen, daß ihre Kinder Ehrlichkeit schätzen, müssen die Eltern täglich ihre eigene Ehrlichkeit demonstrieren. Wenn sie wollen, daß ihre Kinder Großzügigkeit schätzen, müssen sie sich großzügig verhalten. (. . .) ‚Richte dich nach dem, was ich sage, nicht nach dem, was ich tue' ist keine wirksame Einstellung bei der Unterweisung von Kindern in den Wertvorstellungen ihrer Eltern. ‚Richte dich nach dem, was ich tue' kann dagegen ein Kind mit großer Wahrscheinlichkeit modifizieren oder beeinflussen.

Eltern, die wollen, daß ihre Kinder der Gewaltlosigkeit in menschlichen Beziehungen Wert beimessen, werden als Heuchler erscheinen, wenn sie körperliche Züchtigungen anwenden, um zu ‚disziplinieren', nach dem Motto des prügelnden Vaters ‚Deine Aggressivität werde ich Dir austreiben!' "

Modell-Lernen

Ganz besonders wichtig ist es, in diesem Zusammenhang auf einen unerwünschten Effekt des Strafens, besonders des körperlichen Strafens, hinzuweisen. Wenn Kinder von Eltern bestraft werden, können sie sehr oft die Eltern als aggressive und grobe Verhaltensmodelle erleben. Den Kindern wird dann neben dem (leider) nur kurzzeitigen Unterlassen des unerwünschten Verhaltens auch das aggressive und grobe Verhalten über das Beobachtungslernen beigebracht. Auf diese Weise lernen Kinder zornig, undiszipliniert und haltlos zu sein. Die Eltern bedenken überhaupt nicht, daß Kinder diese Verhaltensweisen bei ihnen lernen konnten.

Das ist die schwerwiegende Hypothek des guten Erziehers, daß er gelernt haben muß, selber ein angemessenes Modell für das Kind zu sein!

Einem Kind, das seiner Mutter in der Beratungsstelle vor meinen Augen eine Ohrfeige verabreichte, versuchte einer der Verfasser zu erklären, daß man seine Eltern und auch andere Kinder nicht schlagen darf, wenn man zornig ist oder einem etwas nicht paßt . . . Später, als er die Erziehungstechniken der Eltern des Kindes erfragte, erfuhr er, daß der siebenjährige Michael daheim von seinen Eltern nicht selten Ohrfeigen für unangemessenes Verhalten einheimst. Dadurch war seine Reaktion natürlich erklärbar und meine

Anweisung zum damaligen Zeitpunkt ohne Zweifel verfrüht, da die Aufforderung, nicht zu schlagen, in krassem Widerspruch stand zu seiner Erfahrung im Elternhaus, wo er ständig erleben konnte, daß man sehr wohl schlagen kann!

Oder: Jean ist von seinen Eltern beigebracht worden, er dürfe nur bei grünem Licht über die Straße gehen. Jean beobachtete aber mehrere Male – und einmal auch seinen Vater, der es eilig hatte –, daß Erwachsene hin und wieder auch bei Rot die Straße überqueren. Er lernte durch Beobachtung, daß man unter bestimmten Bedingungen (z. B. wenn man es eilig hat) auch bei Rot die Straße überqueren kann.

Auch die Ängstlichkeit lernen viele Kinder über dieses Lernprinzip. Wenn Mütter ängstlich und unsicher sind, so neigen viele Kinder dazu, diese Merkmale nachzuahmen. Es konnte umgekehrt in mehreren Studien gezeigt werden, daß die Behandlung der mütterlichen Ängstlichkeit ausreichend war, um bei den ängstlichen Kindern die Angst zu vermindern. Die Kinder konnten nun angemessene Vorbilder erleben.

Das Beobachtungslernen ist auch dann im Spiel, wenn ein Kind eine Belohnung oder Bestrafung nicht selbst erfährt, sondern bei einem anderen Kind beobachten kann. Man spricht dann von „stellvertretendem" Lernen.

Wenn ein Kind bei einem anderen Kind beobachtet, daß dieses für sein Verhalten belohnt wird, so wird das Kind motiviert, diese Verhaltensweise zu zeigen.

Wenn Eltern es einfach nicht schaffen, in wichtigen Dingen ein Vorbild zu sein, so kann man ihnen empfehlen, die Kinder auf andere ihnen bekannte Bezugspersonen hinzuweisen, die das besser können. Z. B.: „Ich bringe es einfach nicht fertig, in dieser Situation die Ruhe zu bewahren. Da müßte man wie Onkel Kurt sein, der auch jetzt nicht die Ruhe verlieren würde." Es ist für Kinder sogar ermutigend, wenn sie sehen, wie sich ihre Eltern um angemessenes Verhalten redlich bemühen.

Nicht nur wirkliche Personen können für Kinder und Erwachsene Vorbilder sein. Verhaltensmodelle erhalten Kinder u. a. auch über *Geschichten* vermittelt. Sie sprechen darauf in gewissen Altersphasen besonders an. Eltern können sich diese Vorbildwirkung gut zu Nutzen machen, indem sie Geschichten erfinden, in denen das Verhalten, das ihr Kind gerade lernen oder verlernen sollte, an einer Modellfigur gezeigt wird. Die Geschichte muß so beschaffen sein, daß sich das Kind gut mit dem Vorbild identifizieren kann. Es muß anschaulich erzählt werden, wie die Schritte zum gewünschten Verhalten beschaffen sind, und das Vorbild in der Geschichte muß belohnt werden, wenn es sein Ziel erreicht hat.

Fast täglich werden die meisten Kinder mit Vorbildern im Fernsehen konfrontiert. Die Kinder wählen sich die Sendungen nach ihren Interessen aus, so daß von vornherein mit einer besonderen Aufmerksamkeit gerechnet werden kann. Die Hauptfiguren werden beobachtet und bewundert und stellen sehr wirksame Vorbilder dar.

Bei dem Ausmaß, den der Fernsehkonsum unserer Kinder hat, muß man an die möglichen Wirkungen denken. Nach einer Umfrage in rund tausend Familien, die 1975 vom Hans-Bredow-Institut in der Bundesrepublik durchgeführt wurde, stellte sich folgender täglicher Fernsehkonsum der 3–6jährigen bzw. 7–10jährigen Kinder heraus (die Zahlen für die 7–10jährigen sind in Klammer () angefügt):

2 Std. und mehr sehen täglich fern Kinder pro Sozialschicht 1974	wochentags	sonnabends	sonntags
Kinder in der unteren Sozialschicht	38% (53%)	57% (76%)	65% (84%)
Kinder in der mittleren Sozialschicht	29% (43%)	45% (67%)	57% (78%)
Kinder in der oberen Sozialschicht	12% (32%)	17% (58%)	38% (72%)

(Sturm & Brown, 1979, S. 28)

Nach den Teleskopiedaten von 1978 sehen Kinder in der Bundesrepublik im Alter von 8–13 Jahren an Wochentagen durchschnittlich 74 Minuten fern, an Samstagen 139 Minuten und an Sonntagen 102 Minuten. Und Kinder von 3–7 Jahren sitzen an Wochentagen bereits durchschnittlich 54 Minuten, an Samstagen 79 und an Sonntagen 62 Minuten vor dem Fernseher (Sturm & Brown, 1979).

Eine Untersuchung in Nordrhein-Westfalen hat bei den 6–13jährigen Kindern das Fernsehen als zweitbeliebteste Freizeitbeschäftigung ermittelt.

Selbst Kinder, deren Eltern kein Fernsehgerät besitzen, werden durch dieses Medium in beträchtlichem Ausmaß beeinflußt, wie eine Schweizer Studie aus dem Jahr 1972 (Hagmann) ergeben hat:

Durchschnittlicher Fernsehkonsum übers Wochenende (Samstag bis Sonntag)

	Kinder mit Fernsehapparat	Kinder ohne Fernsehapparat
0-1 Stunde	1%	47%
2 Stunden	3%	17%
3 Stunden	10%	13%
4 Stunden	13%	9%
5 Stunden	11%	6%
6 Stunden	19%	4%
7 Stunden	22%	–
8 Stunden	15%	2%
9 Stunden und mehr	5%	2%

Das heißt, Kinder, die zu Hause einen Fernseher haben, sehen im Durchschnitt übers Wochenende 5,8 Stunden fern. Kinder ohne Fernseher zu Hause verbringen im gleichen Zeitraum immerhin 2,4 Stunden vor dem Bildschirm.

Was lernen Kinder durch das Fernsehen?

Zunächst hängt das natürlich davon ab, was sie meistens sehen. Im positiven Fall können Kinder Wissen erwerben und außerdem viele wünschenswerte Vorbilder beobachten: Sie vermitteln kooperatives und umweltschonendes Verhalten, zeigen manuelle Fertigkeiten und vieles mehr. Problematisch dagegen müssen die negativen Vorbilder eingeschätzt werden, die die Kinder in der Anwendung von Gewalt und Aggression unterrichten. Man ist sich heute in der Fachwelt einig, daß die Beobachtung von Gewalt nicht so sehr dazu führt, daß eigene Aggression stellvertretend abgebaut wird, sondern daß sie vielmehr die Bereitschaft zu aggressivem Verhalten steigert. Auch wenn noch ganz sichere wissenschaftliche Beweise fehlen, tun wir als Eltern gut daran zu glauben, daß das ständige Beobachten von erfolgreichen und bewunderten aggressiven Verhaltensmodellen nicht die Friedfertigkeit unserer Kinder, sondern die Tendenz zur Gewalt und Rücksichtslosigkeit unterstützt (vgl. Selg, 1982).

Der schädlichen Wirkung kann entgegengewirkt werden, wenn Eltern mit den Kindern über die Fragwürdigkeit oder Verwerflichkeit solcher Vorbilder reden und die Kinder zum Nachdenken anregen, was von dem Verhalten ihrer Filmidole zu halten ist.

Vorschlag:

1. Überlegen Sie sich, welche unangenehmen oder angenehmen Verhaltensweisen Ihrer Kinder Sie möglicherweise auf das Beobachtungslernen zurückführen können.
2. Überlegen Sie sich, in welchen Eigenschaften Sie ein ungünstiges Modell für Kinder darstellen.
3. Führen Sie die Übungen 13 und 14 durch.
4. Überlegen Sie sich, welche Figuren aus Kinderbüchern oder -filmen Sie gezielt als Modelle zur Erreichung bestimmter Ziele (Erwerb oder Verminderung bestimmter Verhaltensweisen) einsetzen könnten.
5. Beobachten Sie sich, ob Sie ausreichend Zeit einsetzen, um mit den Kindern über Fernsehsendungen zu sprechen, die sie gesehen haben und möglicherweise beschäftigen.

Abschnitt VI:

Auch das, was Sie über sich und Ihre Kinder denken, beeinflußt die Erziehung

Wir hatten schon in Abschnitt III von der Bedeutung der alltagspsychologischen Theorien gesprochen, auf denen die Erziehung teilweise aufgebaut ist. Sie haben durch die bisherigen Ausführungen einen Teil Ihres Wissens und Ihrer Anschauungen überprüfen können. Diese betrafen besonders Verhaltensweisen, die offensichtlich waren und die durch Belohnung, Bestrafung und Vorbilder beeinflußt werden konnten. Im folgenden wollen wir uns etwas näher mit Gedanken, Einstellungen und Erwartungen befassen, die für die Erziehung ebenfalls bedeutsam sein können.

Die Bedeutung von Erwartungen

Wie schon erwähnt, wird unser Verhalten oft durch Annahmen über die Wirklichkeit reguliert. Das bedeutet, daß man in vielen Situationen etwas Bestimmtes erwartet, beispielsweise daß man eine Prüfung schafft, ein Problem selbständig lösen kann oder rechtzeitig Hilfe bekommt, aber auch, daß man unfähig sei, gewisse schulische Leistungen zu erbringen, daß es Glücksache sei, ob man ein Ziel erreiche oder ob die eigenen Kinder gedeihen.

Solche Erwartungen beeinflussen unser Verhalten. Je allgemeiner sie sind – z. B. Erfolg ist Glückssache –, desto schwerer können sie durch Erfahrungen verändert werden.

Was heißt das für die Erziehung unserer Kinder?

Wer erreichen will, daß sein Kind selbständig und selbstverantwortlich wird, der muß ihm die Erfahrung vermitteln, daß es durch eigenes Handeln bestimmte Ziele erreichen kann. Durch solche Erfahrungen wird eine bestimmte Erwartung aufgebaut – das Kind bekommt Selbstvertrauen. Dieses Selbstvertrauen kann sich auf einen bestimmten Bereich beziehen oder ein allgemeines Lebensgefühl sein: Erfolge werden dann zum großen Teil auf eigene Fähigkeiten zurückgeführt. Wer ein geringes Selbstvertrauen hat, nimmt dagegen an, daß Erfolge zufällig sind und daß sie von anderen äußeren Einflüssen, nicht aber von den eigenen Fähigkeiten abhängen.

Sind Erwartungen naturgemäß auf die Zukunft gerichtet, so beziehen sich Erklärungstendenzen auf gegenwärtige oder vergangene Ereignisse. Im Verhaltensbereich können wir wiederum feststellen, daß Personen sich oft dadurch charakterisieren lassen, daß sie die Tendenz haben, Erfolge oder Mißerfolge auf sich selbst oder aber auf äußere Faktoren zurückzuführen. Depressive Personen neigen etwa dazu, die Ursachen für Erfolge auf äußere Faktoren wie Glück, Zufall oder fremde Hilfe zurückzuführen und für Mißerfolge sich selbst verantwortlich zu machen.

Es erscheint uns als ein wünschenswertes Erziehungsziel, daß die Erwartungen unserer Kinder und ihre Erklärungen von Situationen und Ereignissen einigermaßen der Wirklichkeit entsprechen. Selbstverantwortung setzt voraus, daß eine Person gewisse Folgen ihres Handelns auf sich selber zurückführen kann (vgl. Schneewind, 1982). Und angemessene Selbstverantwortung setzt eine angemessene Einschätzung des Zusammenhangs von eigenen Handlungen und den Handlungsfolgen voraus. Denn das bestimmt ein Stück weit darüber, ob Kinder mutig, zuversichtlich, neugierig, selbstverantwortlich und selbständig oder träge, passiv, depressiv, zurückgezogen und unselbständig werden.

Wie werden diese Erwartungen vermittelt?

Am wirkungsvollsten werden diese Erwartungen, wie schon erwähnt, durch Erfahrung von Erfolg und Mißerfolg vermittelt. Wenn Kinder ständig die Erfahrung machen, daß ihr eigenes Handeln mehr oder weniger wirkungslos ist, daß ihre Initiativen nicht aufgegriffen werden, daß Belohnungen unabhängig von ihrem Verhalten verteilt werden, so lernen sie, daß äußere Einflüsse und Mächte ihre Welt regieren und daß sie selber nur wenig Einfluß auf das Verhalten anderer und die Geschehnisse haben. In extremen Fällen spricht man von „erlernter Hilflosigkeit“.

Wenn sich dagegen jemand in vielen Handlungsbereichen als wirkungsvoll erleben kann, so wird das ein breiteres Selbstvertrauen fördern, als wenn die Erfolgsbereiche sehr eingeschränkt sind („Ich bin zwar ein guter Schwimmer, aber im übrigen ein Depp“).

Auch die Erwartungen und Ursachenzuschreibungen der Eltern und anderer Erzieher beeinflussen die Haltung der Kinder nachhaltig. Aussagen wie: (1) „Das schaffst Du schon!“, (2) „Das kannst Du noch nicht!“, (3) „Das wird wieder daneben gehen!“, (4) „Das war tüchtig von Dir!“, (5) „Da hattest Du Pech!“, (6) „Dieses Versagen war typisch für Dich!“, sind häufige Beispiele für solche Erwartungen (1), (2) und (3) und Ursachenzuschreibungen (4), (5) und (6). Wenn Kinder solche Sätze oft hören, werden sie sie nach und nach in sich aufnehmen und sich zu eigen machen.

Eltern können Kinder beispielsweise systematisch lehren, sich für Erfolge nicht verantwortlich zu fühlen, wohl aber für Mißerfolge, indem sie Erfolgserlebnisse ignorieren oder anderen, fremden Ursachen zuschreiben: „Da hast Du Glück gehabt!", „Der hat es mit Dir gut gemeint!", und für Mißerfolg das Kind verantwortlich machen: „Da hast Du zu wenig gelernt!", „Du bist dafür einfach zu dumm!". Der amerikanische Psychologe Weiner unterscheidet neben den internen, also selbstbeeinflußten, und externen, also fremdbestimmten, Ursachen noch, ob es sich um stabile, nicht beeinflußbare oder um variable, beeinflußbare Ursachen handelt. Dummheit und Intelligenz sind zum Beispiel stabile, schwer beeinflußbare Faktoren, während Fleiß bzw. Faulheit variabel und beeinflußbar sind.

Weiner (1976) unterscheidet folgende Erklärungsstile bzw. -dimensionen:

1)	**internal** die Ursachen von Handlungsergebnissen werden sich selber zugeschrieben	**external** die Ursachen von Handlungsergebnissen werden äußeren Faktoren zugeschrieben
2)	**stabil** die Ursache ist zeitüberdauernd	**variabel** die Ursache ist wechselnd

Zur Erklärung eines Ereignisses wird eine Möglichkeit aus Dimension 1 mit einer Möglichkeit aus Dimension 2 kombiniert. Dadurch entstehen vier mögliche Ursachenzuschreibungen, nämlich: internal-stabil, internal-variabel, external-stabil, external-variabel. Übersichtlicher kann man diese Erklärungen in einem 4-Felder-Schema darstellen:

	stabil	**variabel**
internal	Begabung/ Kompetenz	Fleiß/ Anstrengung
external	Aufgabenschwierigkeit	Zufall

An einigen Beispielen kann sein Erklärungsschema verdeutlicht werden:

1. Beispiel:
Ein Schüler hat im Aufsatz eine 1 bekommen.
Folgende Ursachenzuschreibungen sind möglich:

	stabil	**variabel**
internal	„Ich bin begabt für Aufsatz-Schreiben"	„Diesmal habe ich mir besondere Mühe gegeben"
external	„Das Thema war ja auch sehr einfach"	„Ich habe einfach Glück gehabt, daß mir der Lehrer eine so gute Note gegeben hat"

Man sieht leicht, welche der vier Ursachenzuschreibungen von einem „gesunden Selbstbewußtsein" zeugen. Es sind die beiden Äußerungen in der oberen Zeile. Der Schüler hat in einer Leistungssituation einen Erfolg gehabt und führt diesen darauf zurück, daß er begabt ist, beziehungsweise sich Mühe gegeben hat. Wahrscheinlich wird er sich in ähnlichen zukünftigen Situationen wieder zuversichtlich und motiviert verhalten. – Ein Schüler dagegen, der seinen Erfolg auf externale, äußere Ursachen zurückführt, sieht keinen Zusammenhang zwischen sich selbst und dem Ergebnis; es hat an der leichten Aufgabe oder am Glück gelegen. Wic soll dieser Schüler lernen, daß man gute Leistungen durch Anstrengung erreicht?

2. Beispiel:
Das gelegentliche Einnässen eines vierjährigen Kindes kann von der Mutter unterschiedlich kommentiert werden:

	stabil	**variabel**
internal	„Du kannst es einfach nicht lernen."	„Kannst Du nicht endlich mal aufpassen!"
external	„In Deinem Alter ist es zu schwierig für Dich, die ganze Nacht durchzuhalten."	„Da hast Du Pech gehabt, das kann passieren."

Eine Mutter, die eine internale Ursachenzuschreibung wählt, macht das Kind für einen Mißerfolg verantwortlich, den es vielleicht gar nicht zu verantworten hat. Wenn das Kind die Erklärung der Mutter übernimmt, was sehr wahrscheinlich ist, wird es schließlich entmutigt sein und sich selbst nichts mehr zutrauen. Statt dessen bräuchte das Kind eine Hilfestellung, mit der es die Selbstkontrolle erlernt (z. B. indem es tagsüber übt, den Harn eine Weile anzuhalten). Als nächstes müßte es für die „trockenen Nächte" gelobt werden, in denen es nicht ins Bett gemacht hat.

***Zusammenfassend** kann man festhalten:*
Es ist wichtig, daß das Kind lernt, wie es seine Umwelt beeinflussen kann und wie es Erfolge erreichen und Mißerfolge vermeiden oder als nicht unabänderlich hinnehmen kann.

Als Erzieher können Sie dazu folgendermaßen beitragen:
- *Gestalten Sie Aufgaben und Leistungssituationen so, daß sie für das Kind nicht, zu leicht aber auch nicht zu schwierig sind, damit das Kind merkt, daß es mit Anstrengung, Nachdenken oder Geduld selber einen Erfolg herbeiführen kann.*
- *Lassen Sie das Kind eigene Erfahrungen sammeln, nehmen Sie ihm Entscheidungen nicht ab, die es schon alleine treffen kann.*
- *Erhalten Sie mit ihren Ursachenzuschreibungen das Selbstwertgefühl des Kindes. Vor allem: Vermeiden Sie Zufallszuschreibungen für Erfolg und Begabungsmangel für Mißerfolg. Ermuntern Sie Ihr Kind, weisen Sie es auf selbstverursachte Erfolge hin.*

Vorschlag:

Führen Sie die 15. Übung durch!

Die „sich-selbst-erfüllenden Prophezeiungen".

Stabile Erwartungen von Erziehern an Kinder können noch weitere und manchmal verheerende Folgen haben. Unsere Wahrnehmungen entsprechen oft unseren Erwartungen. Auch unser Verhalten wird ständig durch Erwartungen gesteuert. Das wird problematisch, wenn diese Erwartungen so starr werden, daß sie sich nicht mehr durch die Erfahrung korrigieren lassen. Das kann dazu führen, daß wir unsere Kinder nur noch durch die Brille unserer Erwartungen sehen und Fähigkeiten fördern oder vernachlässigen, die nicht in unser Konzept passen. Die Folge: Die Kinder entwickeln sich wirklich dahin, wo wir es negativ oder positiv erwartet haben – aber nicht weil andere Entwicklungen nicht möglich gewesen wären, sondern weil wir sie einseitig beeinflußt haben.

Der Wissenschaftler Weiss (1965) hat z. B. in einem raffinierten Experiment gezeigt, daß Lehrer in Aufsätzen mehr Fehler übersehen, wenn sie erwarten, daß der Schüler gute Fähigkeiten besitzt, als bei Schülern mit angeblich weniger guten Fähigkeiten. Wir haben diesen Versuch mit Studenten mehrfach wiederholt und gleiche Ergebnisse gefunden: Bei den angeblich guten Schülern werden mehr Fehler bei der Aufsatzkorrektur übersehen als bei den angeblich schlechteren!

In anderen Untersuchungen ist festgestellt worden, daß Lehrer den Schülern, von denen sie positive Erwartungen haben, mehr Zuwendung schenken, ihnen längere Zeit beim Antworten gewähren, usw. Diese Schüler werden also stärker bestätigt und gefördert als andere, von denen der Lehrer schlechtere Erwartungen hat. Kein Wunder, daß sie schließlich auch bessere Leistungen erbringen, wie ebenfalls in einem Experiment nachgewiesen werden konnte.

Halten wir fest: Unser Verhalten hängt von unseren Erwartungen ab. Das beginnt bereits bei der Wahrnehmung. Bei einem angeblich unartigen Kind entdecken wir mühelos ständig störendes Verhalten. Und die Erwartung beeinflußt auch die Art, in der wir uns dem Kind zuwenden.

Vorschlag:

Untersuchen Sie Ihre Erwartungen den Kindern gegenüber. Können Sie spezielle positive und/oder negative Erwartungen bei sich entdekken, mit denen Sie vielleicht Ihrem Kind nicht gerecht werden?

Abschnitt VII:

Grundlegende erzieherische Einstellungen und Verhaltenstendenzen

Sie haben die Bedeutung einzelner Lernprinzipien und kognitiver Elemente für die Förderung oder Hemmung erwünschten und unerwünschten Verhaltens bei Kindern kennengelernt. Wir wissen jetzt, welche Folgen bestimmte, konkrete Erwartungen oder die Bekräftigung eines bestimmten Verhaltens für dessen Förderung haben.

Wir können nun feststellen, daß es bei Erziehern häufig so etwas wie einen Erziehungsstil gibt, d. h. daß bestimmte Erwartungstypen, Einstellungen zu ihren Kindern und Bekräftigungspraktiken für sie charakteristisch sind.

Es lohnt sich, solche allgemeine grundlegende Einstellungen und Verhaltensstile kennenzulernen und zu untersuchen, wie man sich in dieser Hinsicht verhält.

Was versteht man unter typischem Elternverhalten?

Frau Maier unterhält sich mit ihrer Nachbarin über Frau Müller: „Was sagen Sie zu dem Buben der Frau Müller? Ganz verschüchtert ist der Kleine." – „Erst neulich hat er wieder ganz allein in der Ecke gesessen. Bei dem Verhalten der Mutter ist das auch kein Wunder. Dauernd kommandiert sie, nichts darf der Kleine allein machen, mit anderen Kindern will sie ihn erst gar nicht spielen lassen."

Die Bemerkung der Nachbarin zeigt, daß die Alltagserfahrung das Verhalten der Kinder in Beziehung zum Elternverhalten setzt und daß das Erziehungsverhalten einer Mutter (oder eines Vaters) als aus mehreren Einzelmerkmalen zusammengesetzt gesehen wird: Frau Müller ist nach Ansicht ihrer Nachbarinnen autoritär, sie läßt dem Kind wenig Selbständigkeit und behindert dessen soziale Kontakte. Bestimmte Ausprägungen von Einzelmerkmalen des Erziehungsverhaltens, die häufig zusammen auftreten und von vielen Eltern praktiziert werden, können als typisches Elternverhalten oder auch als Erziehungsstil bezeichnet werden.

Vorschlag:
Überlegen Sie, welche Verhaltensweisen, die Sie als Erzieher praktizieren, typisch für Ihre Erziehung sind.
Wie verhalten Sie sich im allgemeinen, wenn Ihr Kind etwas zu Ihrer Zufriedenheit gemacht hat? Wie reagieren Sie, wenn Ihr Kind nicht folgt?

Welche Wirkung haben verschiedene Erziehungsstile?

Zu dieser Frage soll ein bekanntes Experiment von Kurt Lewin kurz dargestellt werden. Kurt Lewin und seine Mitarbeiter haben 1939 begonnen, systematisch die Auswirkungen von bestimmten Erziehungsstilen auf das Verhalten von Kindern in kleinen Gruppen zu untersuchen.

Gruppen von zehn- bis zwölfjährigen Jungen kamen einmal wöchentlich zu Bastel- und Werkarbeiten zusammen. Jeder Gruppe wurde ein Erwachsener zugewiesen, der die Anweisung erhielt, einen bestimmten typischen Führungsstil (Erziehungsstil) zu verwirklichen. Im Experiment wurden autoritärer, demokratischer und Laisser-faire-(uninteressierter) Führungsstil verwendet. Nach sechs Wochen wechselten die erziehenden Erwachsenen die Gruppen und verwirklichten in der neuen Gruppe einen anderen Führungsstil. Am Ende des Experiments, das für die einzelnen Gruppen drei bis sechs Monate dauerte, hatte jede Gruppe mindestens zwei typische Führungsstile erfahren und jeder der Erwachsenen hatte mindestens zwei der Führungsstile verwirklicht.

Es zeigte sich, daß jeder der Führungsstile bestimmte Reaktionsweisen im Verhalten und Erleben der Kinder auslöste. Im folgenden werden die Merkmale der Führungsstile und die durch sie ausgelösten Vorgänge bei den Kindern vereinfacht zusammengestellt.

Merkmale des autoritären Führungsstils

Alle Tätigkeiten der Kinder werden bis ins Detail vom Leiter bestimmt. Den Kindern wird jeweils nur der nächste Arbeitsschritt mitgeteilt.

Bestimmte Aufgaben werden einzelnen Kindern zugewiesen. Untergruppenzusammensetzungen werden vom Leiter festgelegt. Zirka sechzig Prozent der Tätigkeit des Leiters sind Befehle. Häufig werden Kommandos gegeben, die die Arbeit unterbrechen. Lob und Kritik werden personbezogen und nicht sachbezogen gegeben, zum Beispiel „Das hast du wieder verpfuscht".

Bei den Kindern vorwiegend auftretende Reaktionen:

Äußerungen und Verhalten sind eher einheitlich.

Die Kinder sind stark vom Leiter abhängig. Ohne seine Initiative kommt keine Aktion in Gang.

Bei seiner Abwesenheit wird nicht zu arbeiten begonnen, beziehungsweise sinkt die Arbeitsleistung stark ab.

Einzelne Kinder verlangen häufig nach seiner Aufmerksamkeit.

Die Gruppenatmosphäre ist gespannt; es kommt öfter zu Streitigkeiten der Kinder untereinander.

Gemeinsame Gruppenaktionen kommen selten zustande.

Manche Kinder reagieren apathisch, andere neigen zu Opposition und Feindseligkeit gegen den Leiter.

Die Kinder gebrauchen häufig die Wörter „ich", „mein", „mir" und selten „wir" und „unser".

Beim Aufteilen der angefertigten Werkstücke zeigen sie individuelles Besitzstreben.

Die meisten Kinder wünschen eine Beendigung der Gruppenzusammenkünfte.

Merkmale des demokratischen Führungsstils

Der Leiter gibt das Ziel der Tätigkeit an. Die Ausführungsschritte werden möglichst in Diskussion und Gruppenentscheidung festgelegt. Der Leiter ist intensiv bemüht, bei den Kindern Eigeninitiative und Selbständigkeit zu erreichen. Wenn die Gruppe technischen Rat braucht, gibt der Leiter mehrere Alternativen zur Auswahl. Zirka 25 Prozent der Tätigkeit des Leiters besteht im Vorschlägemachen. Er unterbricht nie das Gruppengeschehen durch Befehle oder Anordnungen. Die Kinder können selbständig Untergruppen bilden. Der Leiter ist bemüht, als normales Gruppenmitglied zu wirken, und zeigt sich bereit, mit Kindern auch über Dinge zu sprechen, die nichts mit der Arbeit zu tun haben. Lob und Kritik werden sachbezogen gegeben, zum Beispiel „Diese Stelle ist noch nicht in Ordnung“.

Bei den Kindern vorwiegend zu beobachtende Reaktionen:

Größere Vielfalt der Verhaltensweisen, mehr schöpferische Arbeitsprodukte als beim autoritären Leiter.

Die Arbeitsplanung erfolgt in Diskussionen, bei denen der Leiter aktiv mithilft.

Die Kinder machen viele Vorschläge. Sie teilen sich selbst die Arbeit auf und übernehmen Teilaufgaben.

Sie suchen verstärkt Anerkennung und Aufmerksamkeit bei den anderen Gruppenmitgliedern und nicht so sehr beim Leiter wie in der autoritär geführten Gruppe.

Die Kinder finden sich zu Untergruppen zusammen. Obwohl jederzeit die Gruppe gewechselt werden kann, bleiben die Gruppen über längere Zeit stabil.

Die Beziehungen der Kinder untereinander sind freundlicher als in der autoritär geleiteten Gruppe.

Häufig wird der Leiter als Gruppenmitglied angesehen und mit mehr Freundlichkeit und weniger Unterwürfigkeit behandelt, verglichen mit dem autoritären Leiter.

Aufgrund der guten Beziehung zwischen Kindern und Leiter kommt es oft zu persönlichen Gesprächen, die nichts mit der Arbeit zu tun haben.

Es wird selbständig mit der Arbeit begonnen, wenn der Leiter verspätet eintrifft. In seiner Abwesenheit kommt es zu keinen wesentlichen Änderungen in der Tätigkeit der Kinder und ihrer Arbeitsleistung.

In der Kindergruppe herrschen mehr Zufriedenheit und weniger Spannung als beim autoritären Leiter.

Merkmale des Laisser-faire-Führungsstils

Der Leiter verhält sich im allgemeinen völlig passiv, zum Beispiel sitzt er, während einige Kinder arbeiten, in der Ecke und liest Zeitung. Er gibt anfangs nur an, welches Material vorhanden ist und daß Information und Hilfe von ihm auf Wunsch gegeben werden. Der Leiter erteilt weder Lob noch Kritik.

Bei den Kindern ist zu beobachten:

Es werden viele Vorschläge „was wir machen könnten“ gebracht, jedoch zeigen sich die Kinder weitgehend nicht in der Lage, die Vorschläge in die Gruppenarbeit umzusetzen.

Das Interesse an den Bastelarbeiten erlischt bald, und es kommt zu irgendwelchen anderen Aktivitäten.

Die Arbeitsleistung war von allen drei Führungsstilen am niedrigsten.

Eine wesentliche Beobachtung war, daß das Verhalten der Kinder zu Beginn einer Periode des Experiments jeweils stark durch den Führungsstil der vorangegangenen Periode geprägt war. Nach Perioden der autoritären Führung kam es zu starken „Entladungen“ von Streitigkeiten unter den Kindern. Folgte dem demokratischen der autoritäre Führungsstil, reagierten die Kinder oft mit Widerstand oder Lustlosigkeit. Lewin schildert einen dieser Übergänge: „Auf mich haben wenige Erlebnisse einen so starken Eindruck gemacht wie die, den Ausdruck der Kindergesichter im Laufe des ersten Tages der Autokratie sich verändern zu sehen. Die freundliche, zu Zusammenarbeit willige Gruppe (von der demokratischen Periode her), die voller Leben war, wurde innerhalb einer kurzen halben Stunde zu einer ziemlich apathisch aussehenden Versammlung ohne Initiative.“

Nach Abschluß des Experiments wurden die Kinder unter anderem über die einzelnen Erzieher befragt: 19 von 20 Kindern gaben an, daß sie jeweils den demokratischen Führer am meisten mochten. Dazu ein Ausschnitt aus einer der Stellungnahmen der Kinder: „Ich hatte S. (demokratischer Führer) am liebsten, dann W. (Laisser-faire), dann M. (autoritär). S. war ein netter Mensch, er arbeitete mit uns und half uns eine Menge. Er dachte über die meisten Dinge wie wir und war einer von uns. Er versuchte nie, den Boß zu spielen, und war überhaupt nicht streng, trotzdem hatten wir immer eine Menge zu tun. W. tat nicht viel, er saß nur da und beobachtete uns. Es hat mich wenig an ihm gestört, aber er hat uns nicht viel geholfen . . . Bei S. dagegen kamen alle regelmäßig zu den Treffen, und es war sehr gut. M. (autoritär) war im großen und ganzen o.k., er war sc ein Diktator-Typ, und wir mußten genau tun, was er sagte. Er half uns zu arbei ten, aber er spielte gern den Boß.“

Die Untersuchungen Lewins und seiner Mitarbeiter über die Auswirkungen von unterschiedlichen Führungsstilen wurden oft wiederholt und die Ergebnisse dabei im wesentlichen bestätigt. Sie stimmen auch mit neueren Untersuchungen, deren Ergebnisse weiter unten geschildert werden, überein.

Für die Änderung in der gewohnten Erziehungspraxis sind die oben geschilderten Auswirkungen des Übergangs von autoritärer zu demokratischer Führung von Bedeutung. Es muß angenommen werden, daß Kinder, die autoritäre Führung durch Eltern oder Lehrer gewohnt sind, bei Einführung von geringerer Lenkung in starkem Maße mit Disziplinschwierigkeiten, Streitigkeiten und anderen unerwünschten Verhaltensweisen reagieren. Sie müssen gleichsam die durch die autoritäre Führung zurückgestaute Aktivität loswerden und das behinderte Bedürfnis nach Selbstbestimmung befriedigen, bevor sie auf demokratische Führung ansprechen. Für den Erziehenden, der beabsichtigt, demokratische Umgangsformen zu verwirklichen, besteht die Gefahr, daß er durch die Anfangsschwierigkeiten der bisher autoritär geführten Kinder oder Jugendlichen in die Rolle des autoritären Erwachsenen gedrängt wird. Es wird dann häufig geäußert, daß die Kinder eben, wie man sehe, nicht fähig seien, ohne strenge Führung auszukommen.

Man muß sich jedoch die ungünstigen Auswirkungen autoritärer Führung, die im Experiment beobachtet wurden, ins Gedächtnis rufen und darüber hinaus Überlegungen anstellen, welche langfristigen negativen Auswirkungen dieser Erziehungsstil auf das Kind und das Eltern-Kind-Verhältnis hat. Es besteht dann wohl kein Zweifel, daß gerade bei bisher autoritär geführten Kindern, trotz der Anfangsschwierigkeiten, Eigeninitiative, Fähigkeit zur partnerschaftlichen Zusammenarbeit und befriedigende soziale Umgangsformen entwickelt werden sollten.

Ein Teil der Anfangsschwierigkeiten bei Einführung eines wenig lenkenden, demokratischen Erziehungsverhaltens kann vermieden werden, wenn größere Selbstverantwortung der Kinder nicht schlagartig, sondern allmählich, schrittweise eingeführt wird.

Vorschlag:

Welcher der drei von Lewin verwendeten Führungsstile hat gewisse Ähnlichkeit mit Ihrem Erzieherverhalten? Bedenken Sie, daß völlige Übereinstimmung kaum jemals gegeben sein kann, da Lewin für seine Experimente ganz typische Ausprägungen benötigte.

Wenn Sie Ihr Erzieherverhalten einem der Führungsstile mit gewissen Einschränkungen zuordnen können, dann überlegen Sie bitte, ob Sie die aufgezeigten Auswirkungen dieses Stils bei Ihren Kindern entwickeln möchten.

Welche Eltern Ihres Bekanntenkreises oder welche Personen in Führungspositionen an Ihrer Arbeitsstelle können als typische Vertreter eines der Lewinschen Führungsstile beurteilt werden? Welche Auswirkungen des Führungsstiles dieser Personen können Sie bei den Kindern beziehungsweise Untergebenen beobachten?

Dimensionen des Elternverhaltens

Die Schwierigkeit bei den im vorhergehenden Abschnitt besprochenen Konzeptionen typischen Erzieher- bzw. Elternverhaltens besteht darin, daß die reinen „Typen“ im Alltag recht selten zu beobachten sind. Deshalb erschien es vielen Forschern sinnvoll, einzelne, ihrer Meinung nach besonders bedeutsame Merkmale des Elternverhaltens herauszugreifen und zu untersuchen, welche Auswirkungen sie auf das Kind haben. Dabei werden die Merkmale als Dimensionen mit verschiedenen Ausprägungsgraden, und nicht als Typen, konzipiert. Dadurch kann jeder Erzieher an einem Platz der Dimension zugeordnet werden. Dies erlaubt eine angemessenere Beschreibung des Erziehungsverhaltens als es durch Typologien möglich ist, wo ein Individuum dem Typus entspricht oder nicht.

Um herauszufinden, welche Merkmale des Elternverhaltens wirklich bedeutsam für die Kinder sind, wurden zwei verschiedene Wege eingeschlagen. Der *erste* besteht darin, theoretische Erkenntnisse der Allgemeinen Psychologie auf den Erziehungsbereich zu übertragen. Ob die theoretischen Ableitungen auch zutreffen, kann allerdings erst ihre Überprüfung an der Realität des Eltern-Kind-Verhaltens zeigen.

Der *zweite* Weg ist gewissermaßen die Umkehrung des ersten. Es werden hier relativ viele Merkmale des Elternverhaltens erhoben, zum Beispiel „Verständnis für das Kind“, „Höflichkeit“, „Ermutigung“, „Strenge“. Da nur jeweils bestimmte Merkmale zusammenhängen, können durch statistische Verfahren übergreifende Dimensionen des Elternverhaltens gefunden werden. Lukesch (1976) und Schneewind & Herrmann (1980) geben einen Überblick über die Forschungsergebnisse.

Bei einer Untersuchung stellten Psychologen der Universität Marburg aufgrund von Erkenntnissen der Allgemeinen Psychologie im Sinne des *ersten* Untersuchungsansatzes folgende Konzeption auf:

1. Bedeutsame Merkmale des Elternverhaltens sind darin zu sehen, wie Eltern das kindliche Verhalten zu beeinflussen versuchen. Ein wichtiger Unterschied besteht zwischen der Tendenz, erwünschtes Verhalten positiv zu verstärken, und der Tendenz, unerwünschtes Verhalten zu bestrafen.
2. Wird ein Verhalten mit Strafe bedroht, dann wird es vom Kind vermieden. Positive Verstärkung von erwünschtem Verhalten führt dagegen dazu, daß das Kind es häufiger wiederholt.
3. In der Praxis wirken sich die Unterschiede so aus: Kinder, die sich an Verboten orientieren, sind zumindest in der Familie eher zurückhaltend und abwartend, während vorwiegend durch positive Verstärkung Erzogene in der Familie relativ aktiv und unbefangen sind. Im Gegensatz zu den „verbotskonfor-

men" Kindern beherrschen sie in gesteigertem Maße die sozialen Spielregeln und kulturellen Fertigkeiten ihrer Bezugsgruppe.
4. Die Tendenz zur Bestrafung unerwünschten Verhaltens wird vom Kind als elterliche Strenge, die Tendenz zur Verstärkung erwünschten Verhaltens wird als elterliche Unterstützung erlebt.

Die Überprüfung dieser auf den Lernprinzipien basierenden Konzeption an der Realität ergab, daß sich tatsächlich die Tendenz zur Bestrafung – erlebt als elterliche Strenge – und die Tendenz zur positiven Verstärkung – erlebt als elterliche Unterstützung – als zwei bedeutsame, voneinander unabhängige Merkmale des Elternverhaltens nachweisen lassen. Auch die abgeleiteten Auswirkungen auf die Kinder konnten im wesentlichen bestätigt werden. Die Marburger Psychologen fassen ihre Ergebnisse so zusammen (Stapf u. a., 1972, S. 152 f.): „Nach unseren empirischen Ergebnissen kommen dem Verbotsorientierten . . . eine relativ hohe allgemeine Ängstlichkeit und eine geringe Toleranz gegenüber seinen Mitmenschen zu. Er verhält sich gegenüber Lebensweisheiten (Maximen), mit denen er konfrontiert wird, in gesteigertem Ausmaß konform. Delinquente Jugendliche berichten über große väterliche Strenge, bei ihnen findet man relativ große Diskrepanzen zwischen ihrem Selbstbild einerseits und ihrem Wunschbild, ihrem Vaterbild und Mutterbild andererseits. Erstgeborene sind eher streng erzogen als Spätgeborene in großen Familien.

Nach unseren empirischen Ergebnissen ist der Gebotsorientierte (der von seinen Eltern unterstützend, mit häufiger positiver Bekräftigung Erzogene) wie folgt charakterisiert: Er bewertet relativ viele Reize (Personen, Objekte, Situationen) positiv. Man kann Sachverhalte finden, denen gegenüber er in vergleichsweise großem Ausmaß Zukunftserwartungen hegt. Er verfügt über ein ausgeprägt intellektuelles Verständnis, einen großen Wortschatz und gute Schulleistungen. Er akzeptiert in besonderem Maße anerkannte soziale Spielregeln und bejaht soziale Verhaltensweisen, die den Normen seiner Bezugsgruppe entsprechen. Er ist bei seinen gleichaltrigen Sozialpartnern beliebt. Sein Selbstbild hat nur einen vergleichsweise geringen Abstand zum sozialen Normbild, wie er dieses erlebt. Gebotsorientierte stammen aus Familien mit relativ gehobenem sozio-ökonomischem Status und haben gehäuft Mütter mit erweiterter Schulbildung."

Aus dem *zweiten* Untersuchungsansatz, bei dem man versucht, viele Merkmale des Elternverhaltens zu übergreifenden Merkmalsbündeln zusammenzufassen, ergab sich in vielen Untersuchungen folgender übereinstimmender Befund: Das Elternverhalten wird durch zwei wesentliche Dimensionen gekennzeichnet. Die erste – auch emotionale Dimension genannt – liegt Merkmalen wie „Akzeptieren des Kindes", „Wärme", „Verständnis für das Kind" und „Höflichkeit" zugrunde und hat die beiden Pole „Wertschätzung" und „Geringschätzung". Die „Lenkungsdimension" beinhaltet Merkmale wie „Strenge", „Ausmaß an Kontrolle" und „Neigung zur Bestrafung" und wird auch als die Dimension „Lenkung – Dirigierung" bezeichnet.

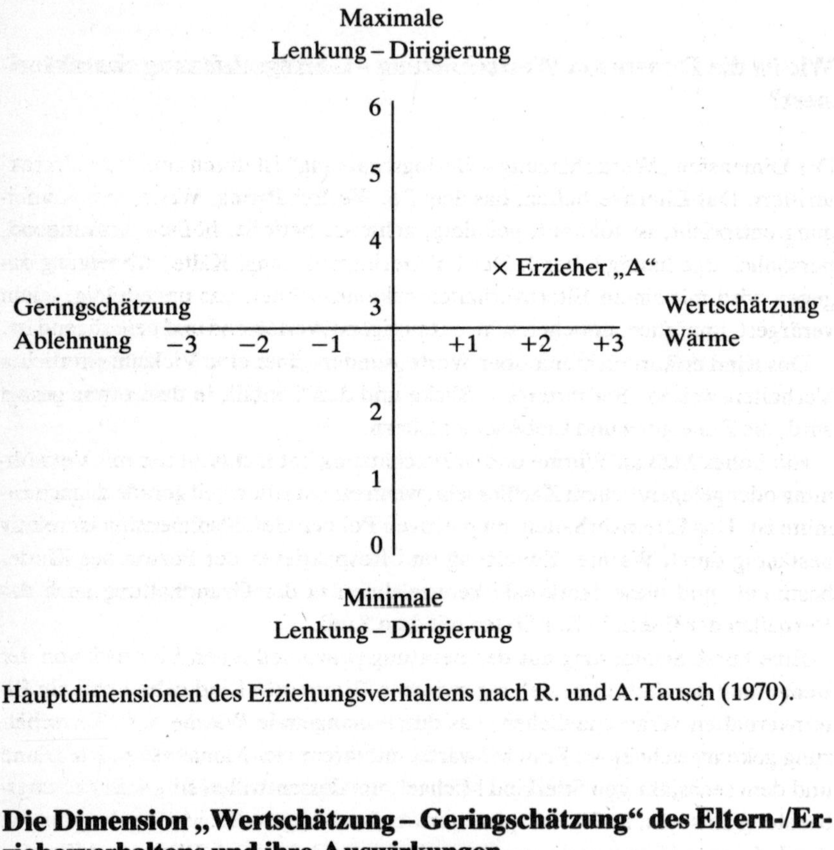

Hauptdimensionen des Erziehungsverhaltens nach R. und A. Tausch (1970).

Die Dimension „Wertschätzung – Geringschätzung" des Eltern-/Erzieherverhaltens und ihre Auswirkungen

Einzelmerkmale des Elternverhaltens, die die Gefühlsbeziehung der Eltern zum Kind zeigen, sind

Wertschätzung – Geringschätzung
Verständnis – Verständnislosigkeit
Ermutigung – Entmutigung
Höflichkeit – Unhöflichkeit
Ruhe – Erregtheit.

Diese fünf erzieherischen gefühlsbezogenen **Merkmalsdimensionen** werden im folgenden in ihrer Tragweite für das Kind dargestellt.

Viele Untersuchungen, besonders von der Forschergruppe um Reinhard und Annemarie Tausch (1979[7]), auf deren Arbeiten sich die folgenden Erziehungsmerkmale beziehen, haben gezeigt, daß die gefühlsmäßige Haltung der Eltern zum Kind von größter Bedeutung für die körperliche und psychische Entwicklung des Kindes ist.

Wie ist die Dimension Wertschätzung – Geringschätzung charakterisiert?

Die Dimension „Wertschätzung – Geringschätzung" ist durch zwei Pole charakterisiert. Das Elternverhalten, das dem Pol Wertschätzung, Wärme und Zuneigung entspricht, ist tolerant, geduldig, achtend, helfend, höflich, ermutigend, persönlich und häufig lobend. Der Pol Geringschätzung, Kälte, Abneigung dagegen wird mit einem Elternverhalten gekennzeichnet, das ungeduldig, leicht verärgert, unhöflich, unbeherrscht, entmutigend, verletzend und beleidigend ist.

Das Kind erfährt nicht nur über Worte, sondern über eine Vielzahl elterlicher Verhaltensweisen, Berührungen, Blicke und den Tonfall, in dem etwas gesagt wird, die Zuneigung und Liebe seiner Eltern.

Ein hohes Maß an Wärme und Wertschätzung hat nichts zu tun mit Verwöhnung oder gelegentlichem Zärtlichsein, wenn einem Elternteil gerade danach zumute ist. Das Elternverhalten am positiven Pol der Gefühlsdimension ist relativ beständig durch Wärme, Zuneigung und Respektieren der Person des Kindes bestimmt, und diese Merkmale kennzeichnen in der Grundhaltung auch das Verhalten der Eltern in Konflikten mit dem Kind.

Eine kurze Schilderung aus der Beratungspraxis soll einen Eindruck von der Bedeutung der Gefühlsbeziehung zwischen Eltern und Kind geben und ein Elternverhalten veranschaulichen, das durch mangelnde Wärme und Wertschätzung gekennzeichnet ist: Frau M. wartet mit ihrem vier Monate alten Kleinkind und dem sechsjährigen Stiefkind Michael, um dessentwillen sie die Erziehungsberatung aufsucht, im Kinderspielraum der Beratungsstelle. Michael beginnt auf der Tafel zu zeichnen und versucht nach einiger Zeit, durch Blicke und Klopfen auf der Tafel die Aufmerksamkeit der Mutter auf die Zeichnung zu lenken. Die Mutter ist mit dem Kleinkind beschäftigt und läßt sich auch durch eine Aufforderung Michaels, die Tafel anzuschauen, dabei nicht stören. Michael nähert sich dann dem Kleinen und versucht, diesen mit einer Klapper zu unterhalten. Die Mutter schiebt ihn gedankenlos beiseite. Mit recht trübsinnigem Gesichtsausdruck beginnt daraufhin Michael, sich wieder selbst zu beschäftigen. Er steht vor dem Spiegel und legt mit einem Spielzeugkamm verdrossen seine Haare in verschiedene Richtungen.

In der Beratung berichtet Frau M., die durchaus am Wohle des Jungen interessiert zu sein scheint, von dessen Nägelbeißen und anderen Symptomen.

Vorschlag:

Beurteilen Sie von Ihnen häufig verwendete Äußerungen dem Kind gegenüber auf das Ausmaß an Wertschätzung.

Versuchen Sie dann Ihr Gesamtverhalten gegenüber dem Kind auf das Ausmaß an Wertschätzung, Wärme und Zuneigung hin zu beurteilen und einzustufen.

Arbeiten Sie die ersten drei Übungsschritte der 16. Übung „Wertschätzung" durch.

Einige Untersuchungsergebnisse über die Auswirkungen mangelnder Wärme und Wertschätzung im Elternverhalten

Mütter, die gefühlsmäßige Wärme zeigen, haben relativ selten Eßprobleme mit Kleinkindern, während Mütter mit kaltem, zum Teil feindseligem Verhalten häufig Kinder mit Eßschwierigkeiten haben. Beispielhafte Mutteräußerung für ein hohes Maß mütterlicher Wärme: „Wir setzen uns, und sie sitzt auf meinem Schoß, und manchmal schaukele ich sie und küsse sie. Sie liebt es, geküßt und gehätschelt zu werden. Oder ich spiele irgendein Spiel mit ihr." Dagegen eine Äußerung, die ein geringes Ausmaß mütterlicher Wärme vermuten läßt: „Als Kind küßte ich niemals meine Eltern, aber ich gebe meinem Kind einen Gute-Nacht-Kuß oder einen Guten-Tag-Kuß oder so etwas Ähnliches, umarme es, aber das ist alles. Wir übertreiben das nicht."

Manche Eltern sagen, daß sie ihre Kinder wohl gern hätten, daß es jedoch für sie schwierig sei, dies durch Liebkosungen bei kleineren Kindern oder wertschätzende Äußerungen und Zuwendung bei älteren Kindern zum Ausdruck zu bringen. Sie müssen sich jedoch klar machen, daß Kinder nur über das Verhalten ihrer Eltern erfahren können, daß man sie gern hat, und die Eltern sich bemühen müssen, dem Kind die Erfahrung des Geliebtwerdens zu vermitteln.

Kinder mit Störungen wie Zerstörsucht, Stehlen, Bettnässen, Über- oder Untergewicht oder auch Daumenlutschen erfahren durchschnittlich von ihren Eltern bedeutend weniger Lob und werden autoritärer geführt als symptomfreie Vergleichskinder.

Eltern von sogenannten Problemkindern, die mit ihren Kindern in einer Lernsituation beobachtet wurden, zeigten bedeutend mehr zurückweisendes und feindselig-überkritisches Verhalten, sie gaben häufiger Verbote und seltener Lob als Eltern von Normalkindern.

Mehrere Untersuchungen straffällig gewordener Jugendlicher zeigen, daß ihre Eltern ihnen weniger Wärme und Zuneigung gaben als Eltern nicht straffälliger Jugendlicher. Statt dessen war in der Beziehung Gleichgültigkeit, Zurückweisung und Feindseligkeit an der Tagesordnung.

Befragungen von Müttern und Vätern aggressiver Jungen ergaben, daß diese weniger geliebt und stärker von ihren Eltern abgewiesen wurden als nichtaggressive Jungen.

Auch an einem Fall unserer Erziehungsberatungsstelle bestätigten sich diese allgemein formulierten Untersuchungsergebnisse:

Die Eltern des siebzehnjährigen Lehrlings Fritz wandten sich auf Anraten der Jugendfürsorge an die Erziehungsberatung. Die aktuellen Probleme waren die geringe Lernfähigkeit von Fritz im allgemeinen und zu spätes Nachhausekommen, schlechter Umgang, freches Verhalten gegenüber dem Vater und zu ausgiebiger Geldverbrauch im besonderen. Fritz hatte zwei Jahre vorher eine beträchtliche Geldsumme aus einer Wohnung gestohlen und war zu einer bedingten Strafe verurteilt worden.

Auf uns machte Fritz einen zurückhaltenden und verschlossenen Eindruck. Die Gespräche mit ihm zeigten, daß er auf ungerecht empfundene Behandlung durch Eltern oder Vorgesetzte mit ausgeprägter Bockigkeit und unüberlegten Handlungen reagierte.

Da der Vater für den Jungen die dominierende Person in der Erziehung war und ist, sind seine Einstellungen und sein Erziehungsverhalten von besonderer Bedeutung. Die Haltung des Vaters zu seinem Jungen war durch Enttäuschung, düstere Erwartungen für die Zukunft und durch Ablehnung gekennzeichnet, die begründet wurde mit der Schande, die Fritz der Familie gemacht habe, und mit Vermutungen über eine organisch bedingte Charakterschwäche. Vater und Mutter gaben zum letzten Punkt an, daß Fritz im Vergleich zu seinem älteren Bruder schon immer schwieriger und weniger offen gewesen sei. Neben diesen negativen Einstellungen existierte beim Vater noch ein Rest von Zuneigung für Fritz, der sich zum Beispiel im unangemessen wirkenden Gebrauch von Kosenamen wie „Fritzi“ und „Burli“ äußerte.

Die Berichte über konkrete Erziehungsmaßnahmen zeigten, daß der Vater zwischen zwei Extremen schwankte. Für einige Wochen hielt er strenge Überwachung und harte Bestrafung durch; so genügte bereits eine Zeitüberschreitung von wenigen Minuten, um ein Ausgangsverbot zu verhängen. Dieses Vorgehen wurde von ihm mit dem Auftrag des Richters zur strengen Kontrolle des Jungen begründet. Fritz reagierte darauf mit bitteren Protesten und Bockigkeit. Nach einigen Wochen wurde dem Vater dann die Anstrengung der dauernden Kontrolle zuviel, und er beschränkte sich weitgehend auf eine Beobachterrolle mit der Begründung, daß Charakter eben angeboren sei und Erziehungsbemühungen ohnehin weitgehend vergebens wären. Erst ganz arge Verfehlungen ließen ihn dann wieder für einige Zeit „hart durchgreifen".

Lob, Belohnung und Anerkennung für die Mithilfe von Fritz bei Haushaltsarbeiten, für die Entlastung der Mutter durch Spaziergänge mit dem kleinen Bruder und für andere erwünschte Verhaltensweisen wurden vom Vater kaum gegeben. Das Bedürfnis nach Lob und Anerkennung, das Fritz gegenüber dem Erziehungsberater äußerte, zeigt, daß damit sehr wirksame Mittel der Beeinflussung zur Verfügung gestanden hätten. Dazu meinte der Vater, daß er in seiner Jugend für Selbstverständlichkeiten auch nicht belohnt worden sei.

Das Erziehungsverhalten des Vaters, in bezug auf die Dimensionen Lenkung und Wertschätzung beurteilt, ist somit gekennzeichnet durch ein Schwanken zwischen strenger Kontrolle und gleichgültigem Gewährenlassen sowie durch äußerst geringe Wertschätzung, die sich teilweise bereits als feindliche Ablehnung darstellt.

Vorschlag:

Überlegen Sie, welche Verhaltensweisen und Haltungen Ihnen bekannter Kinder möglicherweise durch mangelnde Wärme und Wertschätzung mitbedingt sein könnten. (Es ist jedoch hier festzuhalten, daß bei weitem nicht jedes Kind, das zum Beispiel bettnäßt, an mangelnder elterlicher Wärme leidet. Nur eine genaue Untersuchung des Einzelfalles läßt im allgemeinen Ursachen einer Verhaltensstörung erkennen).

Welche allgemeinen Auswirkungen von Wertschätzung – Wärme und Geringschätzung – Kälte kann man vermuten?

Durch Wärme, Anerkennung und Höflichkeit erfährt das Kind die grundsätzlich positive Einstellung seiner Eltern zu ihm. Dadurch werden in ihm Gefühle der Zuneigung für seine Eltern ausgelöst. Lob und Anerkennung werden erst auf diesem Hintergrund der gegenseitigen Wertschätzung von Eltern und Kind zu einem äußerst wirksamen Erziehungsmittel.

Ein ausreichendes Maß an Wertschätzung und Anerkennung vermindert die Wahrscheinlichkeit, daß das Kind Widerstand und starkes Geltungsstreben zeigt. Sein Selbstvertrauen wird gestärkt, und Unsicherheit und Angst werden vermindert.

Eltern, die Wärme und Wertschätzung vermitteln, wirken als Modelle für entspanntes und gefühlsmäßig befriedigendes Verhalten zu Mitmenschen. Die Kinder übernehmen automatisch zu einem gewissen Teil das vorgelebte Verhalten in ihren Beziehungen zu Spielgefährten und Schulkameraden. Sie sind wertschätzend und anerkennend zu diesen und daher beliebt. Es besteht große Wahrscheinlichkeit, daß sie als Erwachsene in der Zusammenarbeit mit Berufskollegen, in Freundschaften und in der Partnerschaft das von den Eltern erlernte günstige Sozialverhalten verwirklichen.

Insgesamt befriedigen Eltern durch Wertschätzung und Zuneigung für das Kind eines der menschlichen Grundbedürfnisse und fördern dadurch eine günstige Persönlichkeitsentwicklung.

Schwierigkeiten bei der Verwirklichung eines hohen Maßes an Wertschätzung

Für manche Eltern ist es schwierig, gegenüber ihren Kindern ein warmes, wertschätzendes Verhalten zu zeigen, da sie oft von ihren eigenen Eltern und Erziehern nur wenig Wertschätzung erfahren haben. Sie konnten dieses Verhalten daher nur unzureichend in Sprache, Ausdruck und Zärtlichkeit über Modelle erlernen. Die hier gegebenen Hinweise und die Übungen sollen solchen Eltern helfen, derartige Mängel zu erkennen und abzubauen.

Besonders in schwierigen Erziehungssituationen neigen Eltern in der Erregung häufig zu geringschätzigen oder beleidigenden Äußerungen. Vielleicht haben Sie ähnliches auch bei sich selbst beobachtet. Folgende Gedanken können den Eltern helfen, in schwierigen Erziehungssituationen nicht gekränkt oder erregt zu sein:

Das Kind ist in größeren gefühlsmäßigen Schwierigkeiten oder aufgrund ungünstiger Lernvorgänge kaum in der Lage, anders als erregt und gereizt zu handeln. Jedoch kann man dem Kind durch geeignete Erfahrungen zu größerer Ruhe und Geordnetheit verhelfen. Durch diese Überlegungen ist es Eltern oft möglich, ihre eigene Erregung zu vermindern und auf das Kind in ruhiger Weise einzugehen. Gelingt dies jedoch nicht, ist es angebracht, daß Eltern dem Kind ihren Ärger mitteilen, ohne es zu verletzen. Häufig unterdrückter Ärger könnte zu versteckter Ablehnung des Kindes führen.

Es ist auch für das Kind günstig zu lernen, welche Gefühle sein Verhalten bei den Eltern auslöst und wie Ärger und Erregung ausgedrückt werden können, ohne andere zu verletzen. Dazu ein Beispiel: „Elvira (sechzehn Jahre) kam häufig verspätet zum Essen. Das Steak lag schon auf dem Teller, aber sie hielt sich noch in ihrem Zimmer auf. Da wurde die Mutter böse und sagte das auch ganz offen: ‚Es macht mich rasend, wenn ich dich zum Essen rufe und keine Antwort bekomme! Ich werde so böse, daß ich innerlich koche. Ich sage mir dann: Ich habe ein gutes Steak gebraten, dafür habe ich mir ein wenig Anerkennung und nicht eine Kränkung verdient.‘ Elvira kam eilig herunter. Mutters Ärger legte sich, und die Unterhaltung bei Tisch blieb unbeschwert."

Vorschlag:

Das Durcharbeiten der Übungsschritte 4, 5 und 6 der 16. Übung „Wertschätzung" ist eine Hilfe zur Verwirklichung wertschätzenden Verhaltens.

Fragen Sie sich, in welchen Erziehungssituationen es Ihnen schwerfällt, wertschätzend zu reagieren. Überlegen Sie, was in diesen Situationen wahrscheinlich im Kind oder Jugendlichen vor sich geht und welche „Lernerfahrungen" (ungünstige Modelle, mangelnde positive Verstärkung eines erwünschten Verhaltens) möglicherweise sein Verhalten bestimmen.

Versuchen Sie einmal in Gedanken, ähnlich dem letzten Beispiel, dem Kind Ihre Gefühle offen mitzuteilen.

Verständnis – Verständnislosigkeit als Merkmal des Elternverhaltens

Michaela (zehn Jahre) kommt von der Schule nach Hause. Der Mutter fällt auf, daß das Mädchen nicht wie sonst selbständig von der Schule zu erzählen beginnt, sondern sich ins Kinderzimmer zurückzieht. Auch während der Mahlzeit beteiligt sich Michaela kaum am Gespräch. Als nachher die Mutter mit dem Mädchen allein ist, sagt sie: „Ich habe das Gefühl, daß dich heute etwas ziemlich bedrückt. Du bist so still." – Michaela: „Mutti, wir haben heute die Klassenarbeit zurückbekommen – mir ist es nicht gut gegangen . . ."

Eine Frage wie „Was ist denn heute mit dir los? Hast du schon wieder etwas angestellt?" hätte dem Mädchen vermutlich das Sprechen erschwert.

Diese kleine Beobachtung veranschaulicht verständnisvolles Elternverhalten. Das Merkmal Verständnis – Verständnislosigkeit bezeichnet die Fähigkeit der Eltern, die Gefühle und Wünsche der Kinder zu erfassen. Durch das Beachten einiger Anregungen kann ein erhöhtes Maß an Verständnis erreicht werden:

Der Erwachsene konzentriert sich auf die Gefühle, die das Kind durch seine Äußerung und/oder sein Verhalten zum Ausdruck bringt. Er beschäftigt sich nicht mit Beurteilung oder Kritik des eben vom Kind Gesagten oder Ausgedrückten. Dies würde ihm erschweren, dem Kind voll zuzuhören, und das Kind würde durch voreilige Kritik behindert, sich auszusprechen.

Er spricht die Gefühle, die er aus Erzählung und Ausdruck des Kindes erfaßt hat, einfach und konkret in warmem, verständnisvollem Ton aus. Dadurch erhält das Kind die Möglichkeit zu beurteilen, ob es vom Erwachsenen richtig verstanden worden ist, und kann ihn gegebenenfalls korrigieren. Mißverständnisse werden auf diese Weise ausgeschaltet.

Der Erwachsene, der sich bemüht, sich die Gefühle und die persönliche Welt des Kindes vorzustellen, teilt dem Kind dieses Bemühen auch mit, zum Beispiel: „Ich versuche mir gerade vorzustellen, wie du diese Situation erlebt hast." Das Kind wird dadurch vermutlich versuchen, sich dem Erwachsenen verständlich zu machen.

Wenn es dem Erwachsenen schwer möglich ist, auf das Kind oder den Jugendlichen einzugehen, weil er gerade intensiv mit eigenen Problemen beschäftigt ist oder keine Zeit hat, dann ist es günstiger, dies dem Jugendlichen zu sagen, als nur halb zuzuhören, zum Beispiel Vater zur Tochter beim Frühstück: „Ich bin schon unruhig, ob ich noch den Autobus erreichen werde, darum fällt es mir schwer, dir richtig zuzuhören. Ich möchte aber am Abend mit dir darüber sprechen."

Ein Beispiel eines Gesprächs zwischen Vater und Sohn (aus Ginott, 1969, S. 54) soll die angeführten Hinweise veranschaulichen: David (siebzehn Jahre) stellte sich bei einer Firma vor und bewarb sich um eine Ferienbeschäftigung. Er wurde jedoch abgewiesen und kam enttäuscht und niedergeschlagen nach Hause. Sein Vater konnte seinem Sohn das nachfühlen und verstand es auch, dies ihm mitzuteilen.

V.: „Dir war viel an diesem Job gelegen, nicht wahr?"
D.: „Ja, natürlich."
V.: „Und du hättest dich gut dafür geeignet."
D.: „Ja, aber was nützt das schon!"
V.: „Welch eine Enttäuschung."
D.: „Eine Enttäuschung ist's wirklich."
V.: „Wenn man sich auf einen Job freut, und er rutscht einem so zwischen den Fingern durch, wenn man ihn gerade braucht, das ist schon hart."
D.: „Ja, ich weiß."

Es blieb eine Weile still. Dann meinte David: „Aber davon geht die Welt auch nicht unter. Ich werde schon eine andere Arbeit finden."

Welche Auswirkungen hat das von den Eltern verwirklichte Verständnis?

Viele Eltern, die von der geringen Mitteilsamkeit ihrer Kinder enttäuscht sind, haben durch ihr Verhalten – bohrende Frage, Kritik, lange Belehrungen, halbes Zuhören – dem Kind das Aussprechen seiner Gefühle und Probleme systematisch verleidet. Dieser Vorgang ist ein anschauliches Beispiel für das Lerngesetz der Löschung: Das Ausbleiben von Verstärkung (hier: halbes oder fehlendes Zuhören) oder aber negative Konsequenzen (unangenehme Fragen, Schimpfen) bringen ein Verhalten (hier: Sich-Aussprechen, Mitteilen) zum Verschwinden.

Hören dagegen die Eltern dem Kind aufmerksam zu und versuchen sie, es zu verstehen, so wird das Kind für das Erzählen seiner Erlebnisse bzw. für seine Gefühlsäußerungen belohnt. Es wird daher vermutlich in Zukunft häufiger mit seinen Problemen zu den Eltern kommen.

Die Erfahrung, von den Eltern verstanden zu werden, gibt dem Kind ein Gefühl der Sicherheit. Für die Eltern wieder ist es durch die Kenntnis der „Welt" ihrer Kinder möglich, sich auf die aktuellen Nöte und Schwierigkeiten einzustellen und gemeinsam mit dem Kind Lösungen zu überlegen.

Kinder und Jugendliche, die oft verständnisvolle Äußerungen von den Eltern erfahren, nehmen ihrerseits die Gefühle ihrer Eltern und Freunde besser wahr und können diese auch äußern. Einige Beispiele: Sechsjähriger zu Vater: „Habe ich dich gestört?" Oder: „Papi, bist du sehr traurig, wenn du bald keine Haare mehr hast?" – Elfjährige im Auto, bei der Rückfahrt von der Großmutter: „Als ich eben noch einmal hinauflief, ich dachte, ich hätte meine Mütze liegengelassen, da saß Omi auf ihrem Sofa so traurig und verlassen da – ich wär' am liebsten den ganzen Nachmittag bei ihr geblieben, es fiel mir richtig schwer zu gehen."

Ermutigung bzw. Entmutigung durch die Eltern

Selbstsicherheit und Leistungsbereitschaft hängen wesentlich von dem Ausmaß an Ermutigung ab, das Kinder durch ihre Eltern erfahren. Schon ab dem vierten Lebensjahr kann man deutlich sehen, ob ein Kind ängstlich auf einen Mißerfolg wartet oder zuversichtlich einem Erfolg entgegensieht. Ohne Zweifel haben sie ihre Einstellung durch die Reaktion der Umwelt auf ihre zuerst spielerischen Leistungen erlernt.

Eltern, die selbständiges Handeln fördern, bei Erfolg loben und verstärken und bei Mißerfolgen neutral reagieren bzw. Hilfen geben, bewirken Erfolgszuversicht bei ihren Kindern. Zeigen die Eltern dagegen Enttäuschung und verminderte Zuwendung und neigen sie zu entmutigenden Äußerungen, wenn das Kind ihre Erwartungen nicht erfüllt, so kann das zu ausgeprägter Angst vor Mißerfolg führen und überhaupt zum Meiden von Situationen, die Leistungen verlangen.

Einige Elternäußerungen sollen im folgenden die Extreme des Merkmals Ermutigung – Entmutigung charakterisieren. Für das Kind genügt jedoch oft der Gesichtsausdruck der Eltern, um Freude oder Enttäuschung ablesen zu können.

Ermutigende Elternäußerungen:
- Ich habe nicht gedacht, daß du das allein schaffst.
- Ausgezeichnet, das ist dir sehr gut gelungen.
- Es klappt nicht immer gleich gut, das nächste Mal geht's bestimmt besser.
- Ich helfe dir dabei gerne. Wenn wir gemeinsam üben, schaffst du das bestimmt besser.

Entmutigende Äußerungen:
- In letzter Zeit geht aber viel schief bei dir.
- Schon wieder eine schlechte Note, immer dasselbe.
- Allein schaffst du das nie.
- Bei dir nützt eben alles nichts.

Um das Ausmaß an Ermutigung – Entmutigung in Ihrem Verhalten abschätzen zu können, ist es günstig, wenn Sie sich vor und besonders nach Leistungen des Kindes selbst beobachten:
- *Werden vor der Leistung des Kindes pessimistische oder optimistische Erwartungen geäußert?*
- *Wie verhalten Sie sich, wenn das Kind bei Spielen, bei sportlichen Anstrengungen, bei geistigen Aufgaben oder in der Schule gute Leistungen zeigt?*
- *Wie ist Ihre Reaktion bei schlechtem Abschneiden des Kindes in den genannten oder ähnlichen Situationen?*

Oft werden Eltern bei ehrlicher Selbstbeobachtung dann die Feststellung machen, daß sie auf schlechte Leistungen ihres Kindes aus Enttäuschung oder verletztem Stolz mit entmutigenden Äußerungen reagieren.

Als günstiges Elternverhalten hat sich erwiesen:

Eltern zeigen angemessene optimistische Erwartungen bezüglich der Leistungsfähigkeit des Kindes.

Nach Erfolgen und guten Leistungen erfährt das Kind die Freude der Eltern, ihr Lob und ihre Zuneigung.

Nach Mißerfolgen und schlechten Leistungen erfolgt eine neutrale, bzw. verständnisvolle Reaktion.

Ausgangspunkt jeder Wertung einer Leistung des Kindes muß die realistische Einschätzung seiner Leistungsfähigkeit sein. Zu hohe Erwartungen der Eltern, die verhindern, daß das Kind für seine Anstrengungen ausreichend Lob und Anerkennung erfährt, können zu völliger Resignation und zu schweren Verhaltensstörungen führen. Vgl. dazu später: Leistungsmotivation S. 104–109.

Besteht eine Leistungsschwäche des Kindes in einem bestimmten Bereich, wie etwa in körperlicher Geschicklichkeit oder Lesefertigkeit, dann sollte zur Ermutigung die gezielte Unterstützung und Förderung treten. Sinnvollerweise müssen zunächst die Lerndefizite oder Schwierigkeiten möglichst genau festgestellt werden, denn dann ist ein Übungsaufbau in kleinen Schritten möglich, der dem Kind weitere Mißerfolge erspart. Die Zusammenarbeit mit dem Lehrer oder einem Psychologen ist in manchen Fällen angezeigt.

Höflichkeit als Merkmal des Elternverhaltens

Das Ausmaß an Höflichkeit, das Eltern im Umgang mit ihren Kindern verwirklichen, zeigt unter anderem etwas von ihrer grundsätzlichen Einstellung: Ist das Kind für sie ein kleiner, unmündiger Untergebener oder ein Partner.

Ob sich Eltern gegenüber ihrem Kind höflich verhalten, kann leicht beurteilt werden: Man stelle sich vor, das Kind verwende dieselben Äußerungen gegenüber dem Erwachsenen, die dieser ihm gegenüber gebraucht. Verstößt es dabei nicht gegen die üblichen Umgangsformen, dann kann auch das Verhalten des Erwachsenen als höflich bezeichnet werden.

Wie wenig von erziehenden Erwachsenen die üblichen Höflichkeitsformen gegenüber Kindern verwendet werden, zeigt eine Untersuchung von R. Tausch (1960), in der die Äußerungen von 30 Lehrern in 50 Unterrichtsstunden protokolliert wurden: In über 20 Prozent der Stunden wurde niemals das Wort „bitte" verwendet, obwohl in jeder Stunde durchschnittlich 20 Befehle erteilt wurden, und in 76 Prozent der Stunden wurde vom Lehrer niemals „danke" gesagt, obwohl in den insgesamt 50 Stunden über 1500 Befehle gegeben und über 2000 Fragen gestellt wurden.

Einige Beispiele sollen das Merkmal Höflichkeit verdeutlichen:

Unhöfliches Verhalten:	*Höfliches Verhalten:*
Los, los, mach schneller!	Bitte, beeil dich!
Mach den Mund auf beim Sprechen!	Ich habe dich eben nicht verstehen können.
Ach so!	Entschuldige, du hast recht.
Haltet den Mund!	Bitte jetzt ruhig sein!

Es ist offensichtlich, daß es für Kinder oder Jugendliche kaum möglich ist, unhöfliche Äußerungen, wie die hier angeführten, im Umgang mit Erwachsenen zu verwenden. Ebenso klar ist leider auch, daß viele Erwachsene solche Äußerungen anscheinend als angebracht im Umgang mit Kindern betrachten, zumindest werden sie häufig verwendet.

Als mögliche Gründe für dieses unhöfliche Elternverhalten sind ungünstige Vorbilder und eine negative Einstellung zum Kind anzunehmen. Auch die in unserer Kultur weitverbreitete Auffassung, das Kind als „Eigentum" der Eltern zu betrachten, spielt sicher eine Rolle.

Das Fehlen einer gewissen allgemeinen „Lebenskultur", eine nervöse Gehetztheit und unbefriedigte Geltungssucht, bedingen allzuleicht ein unhöfliches, gereiztes Erziehungsklima.

Welche Auswirkungen von Höflichkeit–Unhöflichkeit im Elternverhalten sind zu vermuten?

Aufgrund des unhöflichen Verhaltens ihrer Eltern werden die Kinder nicht selten zu der Vermutung kommen, daß die Eltern wenig Zuneigung für sie empfinden. Die ungünstigen Auswirkungen von mangelnder Wärme und Zuneigung wurden bereits aufgezeigt.

Untersuchungen zum Lehrerverhalten haben gezeigt, daß unhöfliches Verhalten von Lehrern vermehrte Schulunlust, Schulangst und Entmutigung bei den Schülern auslöst.

Die Eltern wirken als Modell für höfliches und unhöfliches Verhalten. Die Kinder übernehmen dieses Modell zu einem gewissen Teil in den Umgang mit anderen Erwachsenen und mit Spielgefährten, aber vermutlich auch in ihr späteres Verhalten gegenüber dem Partner und eigenen Kindern. Die Eltern bestimmen also durch ihr Vorbild einen wichtigen Teil des sozialen Verhaltens ihrer Kinder.

Sensible Kinder mit unhöflichen Eltern können im Umgang mit fremden Erwachsenen und Lehrern gehemmt sein. Sie haben ihren Eltern das unhöfliche Verhalten abgeschaut, das sie anderen Erwachsenen aber auch Kindern gegenüber an den Tag legen. Diese negativen Erfahrungen führen zu Gehemmtheit und Scheu. Arbeitereltern, die am Arbeitsplatz oft einen unhöflichen Umgangston erfahren, geben diesen an die Kinder weiter. In der Schule haben es dann Arbeiterkinder oft aufgrund ihrer mangelnden Geschicklichkeit und Sicherheit im Umgang mit Lehrern schwerer als Kinder, die aus den sogenannten gehobenen Schichten kommen.

> **Vorschlag:**
>
> Versuchen Sie ein bißchen Abstand zum Erziehungsalltag zu gewinnen und fragen Sie sich, ob Sie in der Lage sind, Ihr Kind grundsätzlich als Partner zu betrachten und ob Sie dies in Ihrem Verhalten auch zum Ausdruck bringen.
> Überprüfen Sie Ihre üblichen Äußerungen im Umgang mit dem Kind oder Jugendlichen auf das Merkmal Höflichkeit – vielleicht sind „kleine" Korrekturen angezeigt!

Ruhe – Erregtheit als Merkmal des Elternverhaltens

Eltern unterscheiden sich ganz offensichtlich im Ausmaß an Ruhe, das sie im Umgang mit Kindern oder Jugendlichen verwirklichen. Für manche gibt es kaum schwierige Erziehungssituationen; auch wenn Probleme auftreten, lassen sie sich schwer aus der Ruhe bringen. Andere Eltern dagegen erfahren ein hohes Maß an Aufregung und Ärger durch ihre Kinder. Vermutlich hängen diese Unterschiede mit dem gesamten Lebensstil der Eltern zusammen, den man als ruhig-beschaulich, lebhaft oder hektisch charakterisieren kann. Bei manchen Eltern sind es zeitweilige starke Belastungen in Beruf und Privatleben, die sie zerfahren und unruhig machen. Die Lebhaftigkeit der Kinder ist dann für sie schwer ertragbar, auf geringfügige Anlässe reagieren sie gereizt, in schwierigen Situationen verlieren sie häufig die Selbstkontrolle, beschimpfen oder schlagen das Kind. Sie verwirklichen damit ein Erziehungsverhalten, das sie selbst oft ablehnen und im nachhinein bedauern.

Die Unruhe des Erwachsenen im allgemeinen und die Erregtheit in Konfliktsituationen im besonderen überträgt sich auf die Kinder, die dadurch für den Erwachsenen noch anstrengender werden. Ist dagegen das Elternverhalten durch Ruhe, Optimismus und Selbstkontrolle gekennzeichnet, so übertragen sich auch diese Verhaltensmerkmale auf die Kinder.

Brauchbare Hinweise für Eltern, die sich in der Erziehung schwer tun, weil sie von der häufigen Zivilisationskrankheit „Hektik" erfaßt sind, liegen außerhalb des Rahmens dieser Schrift. Vermutlich sind geringere oder größere Änderungen in den Lebensumständen angezeigt. Möglicherweise sind Entspannungsübungen wie das Autogene Training nützlich.

In diesem Rahmen wird versucht, das Erziehungsgeschehen für Eltern klarer und durchsichtiger zu machen. Sie können durch dieses Wissen oft besser abschätzen, was in ihren Kindern vorgeht und warum sie sich auf eine bestimmte Weise verhalten. Dadurch werden sie im Umgang mit ihren Kindern sicherer und neigen auch in schwierigen Situationen weniger zur Erregung.

Auch einige organisatorische Änderungen können die Belastung der Eltern verringern: Einbau einer Doppeltür zum Kinderzimmer, Aufstellen geeigneter Spielgeräte im Garten, Einladen von ein oder zwei Schulkameraden oder Freunden des Kindes zu Spaziergängen, Wochenendausflügen oder auch Urlaubsfahrten – die Entlastung der Eltern ist meist von vermehrter Freude der Kinder begleitet.

Vorschlag:

Versuchen Sie Ihr Gesamtverhalten im Umgang mit Kindern auf das Ausmaß an Ruhe zu beurteilen.
Welche Anregungen aus den bisherigen Abschnitten scheinen Ihnen geeignet, zur Verminderung von Erregtheit in Erziehungssituationen beizutragen?

Zusammenfassung der Dimension Wertschätzung – Geringschätzung

Das Ausmaß an Wärme, Zuneigung und Wertschätzung, das Eltern verwirklichen, hat einen bedeutenden Einfluß auf die Entwicklung und das Verhalten der Kinder. Zusammenfassend läßt sich festhalten, daß durch Wärme und Wertschätzung Angst und Unsicherheit vermindert werden und dem Kind ein Gefühl des Anerkanntwerdens, der Ruhe und Geborgenheit vermittelt wird. Viele ungünstige Entwicklungen und Verhaltensstörungen von Kindern resultieren aus Kälte und Geringschätzung, die von Eltern gegenüber ihren Kindern gezeigt werden.

Die Kinder lernen durch das Vorbild der Eltern ein wertschätzendes Verhalten gegenüber Mitmenschen, das ihnen und ihren jetzigen und späteren Partnern befriedigende Erfahrungen im sozialen Umgang ermöglicht.

Eine gute Beziehung zwischen Eltern und Kind – weitgehend aus der Wertschätzung des Kindes durch die Eltern resultierend – ermöglicht, starke Lenkung des Kindes durch das Vorbild der Eltern, durch Selbstbestimmung des Kindes, durch Lob und Anerkennung und durch das gemeinsame Besprechen von Problemen zu ersetzen.

Das Verständnis der Eltern – im oben beschriebenen Sinn – bewirkt, daß Kinder gern mit ihren Eltern sprechen und in diesen Gesprächen Gefühlsbela-

stungen vermindern können. Verständnisvolle Eltern sind somit über die Probleme ihres Kindes informiert. Weiter lernen die Kinder durch die Beobachtung des Verständnisses ihrer Eltern auf die Gefühle ihrer Mitmenschen zu achten und sich somit angemessener zu verhalten.

Optimistische Erwartungshaltungen, Ermutigung, Lob und Anerkennung für Erfolge heben die Leistungsfreude und Erfolgszuversicht des Kindes.

Die Höflichkeit der Eltern im Umgang mit dem Kind ist Ausdruck ihrer positiven Gefühlsbeziehung zu ihm und ihrer partnerschaftlichen Einstellung. Dem Kind wird durch Höflichkeit der Eltern ein Vorbild für günstiges Umgangsverhalten geboten.

Die von den Eltern verwirklichte Ruhe in vielen Erziehungssituationen, die durch das Wissen um die Bedingungen des kindlichen Verhaltens gehoben werden kann, macht das Zusammenleben von Erwachsenen und Kindern weniger belastend und bewirkt über Beobachtungslernen vermehrte Ruhe und Überlegtheit beim Kind oder Jugendlichen.

Die Dimension „Lenkung – Dirigierung“ des Eltern-/Erzieherverhaltens und ihre Auswirkungen

Daß Erziehung mit der Beeinflussung von Kindern, in welcher Form auch immer, zu tun hat, findet allgemeine Zustimmung. Ob, wie und vor allem wie stark in der Kindererziehung gelenkt werden soll, ist dagegen ein häufiger Streitpunkt, der insbesondere in den Auseinandersetzungen um die sogenannte „antiautoritäre“ Erziehung große Bedeutung gehabt hat. Wir werden die Diskussion um die antiautoritäre Erziehung hier nicht darstellen, aber an Untersuchungsergebnissen wird gezeigt, welche Auswirkungen unterschiedliche Ausmaße an Lenkung haben.

Was ist unter Lenkung – Dirigierung zu verstehen?

Unter Lenkung – Dirigierung soll verstanden werden, in welchem Ausmaß die Aktivität des Kindes oder Jugendlichen durch die Eltern bestimmt ist.

Hohe Lenkung bedeutet, daß ein Kind oder Jugendlicher in seiner Handlungs- und Entscheidungsfreiheit stark eingeschränkt wird. Diese Einschränkungen können bestehen in:
Befehlen,
ständiger Kontrolle des Verhaltens,
Verboten,

genauen Handlungsanweisungen,
Einschränkungen des Spielraumes, zum Beispiel Einsperren des Kindes in einen Raum, usw.

Bei starker Lenkung wird meistens die Willkür des Erwachsenen deutlich. Ein niedriges Ausmaß an Lenkung bedeutet hingegen, daß Kindern oder Jugendlichen ein großes Maß an Handlungs- und Entscheidungsfreiheit gegeben wird, daß also die Eltern selten Anordnungen, Befehle und Kontrollen im Umgang mit den Kindern verwenden.

Ein hohes bzw. geringes Ausmaß an Lenkung im hier vorgeschlagenen Sinn ist jedoch keineswegs mit Aktivität bzw. Inaktivität der Eltern gleichzusetzen. Eltern, die selten befehlen, anordnen, verbieten und kontrollieren, können durchaus aktiv und engagiert in der Erziehung sein, etwa indem sie die Selbständigkeit des Kindes durch Anbieten von Alternativen oder Übertragen von Verantwortung fördern.

Vorschlag:

Die ersten drei Übungsschritte der 17. Übung „Lenkung" („Praktische Übungen") geben Ihnen eine genaue Charakterisierung von verschiedenen Ausmaßen an Lenkung, die Sie durch die Übungen unterscheiden lernen.
Versuchen Sie danach, Ihr Elternverhalten global auf das Ausmaß an Lenkung zu beurteilen.

Welche Auswirkungen hat hohe bzw. mittlere bis geringe Lenkung – Dirigierung auf Kinder und Jugendliche?

Zur Beantwortung dieser Frage stützen wir uns auf eine beträchtliche Zahl wissenschaftlicher Untersuchungen, die bei Tausch & Tausch (1970, 1979) zusammengestellt sind. einige wichtige Ergebnisse wollen wir hier zusammenfassen.

So zeigt sich, daß Kinder, denen meistens gesagt wird, was sie zu tun oder zu lassen haben, häufig unselbständig sind, wenn sie auf sich allein gestellt sind. Sie erwarten, daß ihnen jemand Anweisungen gibt und sie kontrolliert. Sie werden gewissermaßen von der dauernden Führung abhängig. Es gibt für stark lenkend erzogene Kinder wenig Gelegenheit, selbständiges und selbstdiszipliniertes Handeln und Arbeiten zu lernen. Vgl. die Ergebnisse von K. Lewin S. 54 f.

Ist die Aktivität der Kinder häufig durch lenkende Erwachsene bestimmt, so können sie nicht lernen, selbständig Entscheidungen zu treffen und sich dafür verantwortlich zu fühlen. Sie werden sich auch bei Schwierigkeiten ihrer Geschwister oder Mitschüler, denen geholfen werden müßte, kaum verantwortlich fühlen, denn das ist ihrer Erfahrung nach Aufgabe der dominierenden Erwachsenen.

Manche Kinder, die ein starkes Bedürfnis nach Selbständigkeit und Eigenaktivität haben, veranlaßt die starke Lenkung und Kontrolle der Eltern zu dauernder Opposition und Kritiksucht. Ihr Drang zu selbständigem Handeln kann sich nur im Widerstand gegen die Eltern verwirklichen. Die Eltern oder der stark lenkende Elternteil sehen durch diesen Widerstand oft ihr Prestige gefährdet und versuchen durch Drohungen und Strafen ihre übergeordnete Stellung zu behalten. Daraus resultiert oft eine schwere Belastung der Eltern-Kind-Beziehung, die dann manchmal zu einem erbitterten Machtkampf ausartet.

Stark lenkende und kontrollierende Eltern leben ihren Kindern ein ungünstiges Sozialverhalten vor, das zum Beispiel für die Zusammenarbeit in Kindergruppen wenig geeignet ist. Übernehmen die Kinder das häufige Befehlen und Anordnen ihrer Eltern, dann werden sie von ihren Spielgefährten oder Schulkameraden als Wichtigtuer erlebt und sind häufig unbeliebt.

Starke elterliche Lenkung behindert selbständiges Urteilen und Produzieren, das Ausprobieren eigener Ideen, mit einem Wort den Einfallsreichtum. Die Kinder neigen dann dazu, Vorurteile ohne eigene Prüfung zu übernehmen, und sind häufig intolerant gegenüber Andersdenkenden und Unterlegenen.

Bei geringer Lenkung – Dirigierung – besonders wenn nicht geringes Interesse an der Erziehung der Grund ist, sondern die Absicht, die Selbständigkeit des Kindes zu fördern – sind die entgegengesetzten Auswirkungen zu vermuten: Die Kinder werden selbständig und ihrem Alter entsprechend relativ unabhängig vom Erwachsenen. Sie zeigen wenig unangemessene Ängstlichkeit oder Unsicherheit. In ihren Eltern haben sie ein Modell für partnerschaftliches Verhalten, das sie in den Umgang mit Spiel- und Schulkameraden teilweise übernehmen. Die geringe Lenkung, an deren Stelle etwa das Anbieten mehrerer Alternativen tritt, fördert ihre Entscheidungsfähigkeit und den Einfallsreichtum.

Ein Schwanken der Eltern zwischen hoher und geringer Lenkung, bei dem manchmal alles angeordnet wird und dann wieder viel freigestellt wird oder bei dem manchmal ein bestimmtes Verhalten bestraft wird und dann wieder nicht, ist äußerst ungünstig, da das Kind sich nicht auf eine feste Erziehungshaltung der Eltern einstellen kann.

Außerdem ist es sehr ungünstig, wenn ein Elternteil als sehr stark und einer als sehr schwach erlebt wird. Untersuchungen haben ergeben, daß Kinder solcher Eltern zu Angstreaktionen neigen und die Eltern nicht als Vorbild akzeptieren. Es scheint für Kinder günstiger zu sein, wenn beide Eltern stark lenken, als wenn sich die Eltern in dieser Hinsicht kraß unterscheiden (im ersten Fall sind die Kinder weniger ängstlich).

Der weitverbreiteten Meinung, daß es für Kinder gut ist, eine nachgiebige Mutter und einen strengen Vater zu haben, muß damit energisch widersprochen werden.

Bei den Überlegungen zu den Auswirkungen von Lenkung – Dirigierung sollte das Ausmaß an Wertschätzung berücksichtigt werden, das die Eltern ihrem Kind entgegenbringen. So müssen besonders ungünstige Auswirkungen auf die Persönlichkeitsentwicklung des Kindes angenommen werden, wenn Eltern sowohl ein hohes Ausmaß an Lenkung als auch gefühlsmäßige Kälte und geringe Zuneigung zum Kind zeigen. Man kann annehmen, daß Kinder unter diesen Bedingungen heftigen Widerstand und Ablehnung gegen die Eltern entwickeln oder daß daraus Minderwertigkeitsgefühle und geringe Selbstachtung entstehen.

Dagegen ist gesichert anzunehmen, daß ungünstige Folgen hoher elterlicher Lenkung, wie Trotz, durch die Wertschätzung des Kindes abgeschwächt oder sogar vermieden werden.

Vorschlag:

Überlegen Sie, welche Verhaltensweisen oder Haltungen Ihrer Kinder nach diesen Untersuchungen unter Umständen aus hoher Lenkung – Dirigierung resultieren könnten.
Welche wünschenswerten Eigenschaften, wie z. B. geringe Ängstlichkeit, Toleranz oder Einfallsreichtum, könnten durch Verringerung von Strenge und Erhöhung von Lob und Unterstützung gefördert werden?

Warum zeigen viele Eltern ein hohes Ausmaß an Lenkung – Dirigierung?

Im folgenden werden mögliche Ursachen von hoher Lenkung aufgezeigt. Wenn Eltern die Bedingungen ihres Verhaltens bewußt werden, sind sie leichter in der Lage, sie zu verändern.

Wirkung ungünstiger Vorbilder: Viele Eltern haben ungenügend gelernt, in partnerschaftlicher Weise mit Kindern oder auch anderen Personen umzugehen. Ihre Eltern und Lehrer waren Vorbilder autoritären Verhaltens, die mehr oder weniger bewußt nachgeahmt werden.

Im allgemeinen sind Arbeitereltern gegenüber ihren Kindern autoritärer als Eltern aus der sogenannten Mittel- und Oberschicht, wie zahlreiche Untersuchungen gezeigt haben. Dies resultiert vermutlich aus ihrer Position am unteren Ende der betrieblichen Befehlshierarchie, die häufig ein hohes Maß an Lenkung durch Vorgesetzte mit sich bringt. Dagegen haben Angehörige der Mittel- und Oberschicht meist größere Selbständigkeit in ihren Arbeitsbedingungen.

Wirkung ungünstiger Einstellungen: Manche Väter und Mütter sind der Ansicht, unbegründetes Befehlen, Kontrolle, Zwang und besonders Strafe seien geeignete Erziehungspraktiken, da die Menschen und daher auch jedes Kind von Natur aus zum Schlechten neigen und nur durch Zwang zum Guten geführt werden können.

Diese negativen Erwartungen können beim Kind tatsächlich die unerwünschten Verhaltensweisen hervorrufen. Die Eltern sehen dann ihre Erwartungen bestätigt und greifen nun umso „berechtigter" zu Strenge und Zwang. Das kann – besonders wenn es mit einer eher ablehnenden Haltung zum Kind einhergeht – zu schwerem Trotz, Oppositionsgeist und Widerstand führen. Auch schwere Verhaltensstörungen wie Nahrungsverweigerung bei Kleinkindern, Weglaufen, starke Aggressivität und Delinquenz bei Jugendlichen können dic Folge sein.

Informationsmangel: Viele Eltern und Erzieher sind sich über das Ausmaß ihrer Lenkung – Dirigierung nicht im klaren. Mütter, die in den ersten Lebensjahren hauptsächlich auf ihr Kind Einfluß nehmen, äußern gegenüber Kleinkindern täglich schätzungsweise etwa 200 bis 400 Befehle.

Einige Untersuchungen zu Lehrerverhalten in der BRD ergaben, daß Lehrer pro Unterrichtseinheit von 40 Minuten durchschnittlich 50 Befehle und 55 Fragen äußern.

Kurzfristige Vorteile von starker Lenkung: Störendes Verhalten des Kindes kann durch strikte Befehle, Drohungen oder körperliche Züchtigung abgestellt werden – zumindest kurzfristig. Das Verführerische daran ist meist der unmittelbare Erfolg: Das Kind hört mit dem störenden Verhalten auf, es „bereut" die Verfehlung oder gibt eingeschüchtert seinen Widerstand auf. Wie wir aus den

Lerngesetzmäßigkeiten wissen, werden die Eltern dadurch bestärkt und setzen die autoritären Praktiken vermutlich noch häufiger ein. Es ist daher äußerst wesentlich, sich noch einmal die langfristigen ungünstigen Auswirkungen stark autoritärer Erziehungsmaßnahmen vor Augen zu halten: Ein hohes Ausmaß an autoritärer Lenkung führt häufig zu Trotz, Widerstand oder Gleichgültigkeit beim Kind, führt zu Spannungen in der Familie, bedingt häufig Entfremdung zwischen Eltern und Jugendlichen und kann zu Schulleistungsversagen und schweren Verhaltensstörungen führen.

Vorschlag:

Ihr Verhalten als Vater oder Mutter wird für Sie selbst klarer, wenn Sie nochmals die Bedingungen für ein hohes Maß an Lenkung – Dirigierung durchgehen und sich bei jedem Punkt fragen, wie weit das Ausmaß an Lenkung, das Sie selbst in Ihrem Verhalten zeigen, möglicherweise dadurch beeinflußt ist.
Vergleichen Sie das Verhalten Ihrer Eltern in bestimmten Erziehungssituationen mit Ihrem eigenen in ähnlichen Situationen – vielleicht können Sie eine Vorbildwirkung der Eltern feststellen.

Wie können Eltern das Ausmaß an Lenkung – Dirigierung vermindern?

Im folgenden wird auf einige Möglichkeiten zur Verminderung von autoritärer Lenkung hingewiesen. Sie können oft nur allgemein dargestellt werden. Die Eltern müssen daher jeweils prüfen, welche der vorgeschlagenen Möglichkeiten sich auf die konkrete Erziehungssituation anwenden lassen und wie sie abgeändert werden müssen oder erweitert werden können.

Zuerst wollen wir einige Veränderungsmöglichkeiten in der Organisation des Familienlebens aufzeigen, die Kindern mehr Freiheit und mehr Verantwortung geben. Daran schließen sich Hinweise auf *Alternativen* zu stark lenkenden Erziehungsmaßnahmen an.

Als erster Schritt ist es günstig, sich über das Ausmaß an Lenkung im Erziehungsverhalten klarzuwerden. Einige Anregungen können hier vielleicht hilfreich sein:

Können Sie häufig wiederkehrende schwierige Erziehungssituationen feststellen, in denen Sie zu starker Lenkung neigen?
Wie häufig greifen Sie in diesen Situationen zu unbegründeten Befehlen, zu Drohungen, und wie häufig strafen Sie?

Wie reagieren Sie, wenn das Kind oder der Jugendliche Ihnen widerspricht? Sind Sie in der Lage, ruhig auf den Widerspruch einzugehen, oder werden Sie erregt und neigen Sie zu verletzenden Äußerungen?

Vielleicht ist es günstig, wenn Sie sich zur Beantwortung der aufgezeigten Fragen für einige Tage in Ihrem Erziehungsverhalten genauer beobachten.

Organisatorische Maßnahmen zur Verminderung von Lenkung:
Es ist möglich, unter bestimmten Bedingungen Kindern Bereiche des täglichen Lebens zur Selbstentscheidung und Selbstverantwortung zu übertragen. Die Bereiche müssen klar gekennzeichnet sein, und das Kind darf nicht überfordert werden. Die Grenzen seiner Selbstbestimmung liegen dort, wo es sich selbst ernsthaften Schaden zufügen könnte oder wo es die Rechte und gerechtfertigten Bedürfnisse anderer beeinträchtigt.

In den meisten Bereichen des Familienlebens kann dem Kind ein Mitentscheidungsrecht gegeben werden. Sein Interesse an den gemeinsamen Aktivitäten der Familie wird dadurch größer, und es lernt, die Bedürfnisse und Standpunkte anderer zu respektieren.

Einige Beispiele für Selbstbestimmung des Kindes: Gesunden Kindern wird freigestellt, wieviel sie zu den Mahlzeiten essen wollen. Dadurch läßt die Spannung während der Mahlzeiten bei Eltern und Kindern erheblich nach, ohne daß es zu nachteiligen Auswirkungen kommt.

Die Wahl der täglichen Kleidung wird dem Kind überlassen; vorausgesetzt: es ist keine gesundheitliche Gefährdung gegeben.

In bestimmten Räumen der Wohnung oder in bestimmten Bereichen außerhalb des Hauses kann das Kind ungestört von Erwachsenen spielen. Grenzen dieser Freiheit sind bei gefährlichen Schlägereien oder bei der Beschädigung von Sachen anderer Personen gegeben.

Über sein Taschengeld bzw. über selbstverdientes Geld kann das Kind selbständig verfügen.

Beim Kauf von Kleidungsstücken hat das Kind innerhalb des von den Eltern gesetzten finanziellen Rahmens freie Entscheidung. Die Eltern haben dann eine beratende Funktion.

Jugendliche haben Freiheit in der Gestaltung ihrer Freizeit, d. h. die Eltern bestimmen nicht über die Wahl von Freunden, Büchern, Kinobesuchen, Ausflügen und dergleichen. Es ist aber durchaus angezeigt, wenn sie ruhig und mit Verständnis für die Interessen ihres Jugendlichen ihre Meinung zum Ausdruck bringen. Die Freiheit des Jugendlichen hat ihre Grenzen dort, wo die Eltern für die Einhaltung der Bestimmungen des Jugendschutzgesetzes verantwortlich sind.

Kindern kann klargemacht werden, daß sie für einen ihren Fähigkeiten angemessenen Schulerfolg selbst verantwortlich sind und sich nicht auf Gängelung und dauernde Mithilfe der Eltern verlassen dürfen. Dies bedeutet auch, daß sie bereits in der Grundschule für die Ausarbeitung von Hausaufgaben selbst zu sorgen haben. Diese Haltung der Eltern schließt aber ein, daß sie starkes Interesse am Schulerfolg ausdrücken, regelmäßig Information darüber einholen und bei Lernschwierigkeiten dem Kind entsprechend helfen.

Mitsprache und Mitentscheidung des Kindes sind in den Bereichen angezeigt, in denen Entscheidungen die ganze Familie und daher auch das Kind betreffen, z. B. werden die Wünsche der Kinder bei der Planung von Wochenendausflügen und bei der Urlaubsgestaltung mit den Bedürfnissen der anderen Familienmitglieder abgestimmt. Eventuell werden abwechselnd die Wünsche der Eltern und der Kinder erfüllt.

Kinder oder Jugendliche werden aufgefordert, Vorschläge zu machen und mitzubestimmen, wenn auf ihr unangemessenes Verhalten negative Konsequenzen in Form von Wiedergutmachung festgelegt werden sollen.

Angemessenes Elternverhalten, das stark lenkendes Verhalten ersetzen kann:

Wenn Eltern versuchen, ihren Kindern ein Modell für das von ihnen erwünschte Verhalten zu sein, dann erübrigt sich Lenkung häufig, da Kinder nahezu automatisch Verhaltensweisen ihrer Eltern nachahmen. Wollen z. B. Eltern, daß ihre Kinder eine freundlich-aufgeschlossene Umgangsart erlernen und Achtung vor Mitmenschen entwickeln, dann gelingt dies am besten und ohne große Belehrung und oftmalige Ermahnung, wenn die Eltern in der Familie diese erwünschte Umgangsart vorleben. Eltern, die von den Kindern ein „besseres Benehmen" verlangen, als sie selbst verwirklichen, können keinen Erfolg erwarten. Spätestens von den Jugendlichen wird ihnen doppelte Moral vorgeworfen.

Eine wichtige Möglichkeit, Lenkung zu vermindern, besteht darin, erwünschtes Verhalten von Kindern oder Jugendlichen durch Belohnung, Lob und Anerkennung zu verstärken. Was dabei zu beachten ist, wurde bereits in dem Abschnitt über die Lerngesetzmäßigkeiten ausgeführt. Im allgemeinen wird in der Erziehung Lob viel zuwenig gezielt eingesetzt. Ehrliches Lob ist dann möglich, wenn Leistungen und erfreuliche Verhaltensweisen des Kindes anerkannt und nicht – wie es häufig geschieht – als selbstverständlich betrachtet werden. Das folgende kleine Beispiel zeigt die Auswirkung mangelnder Verstärkung:

Der achtjährige Manfred läßt gern seine Spielsachen im Wohnzimmer herumliegen. Seine Mutter muß ihm daher häufig befehlen, sie wegzuräumen, und da Manfred die Anordnung oft recht schlampig befolgt, ärgert sich seine Mutter und schimpft mit ihm. Wenn Manfred allerdings manchmal den Großteil seiner

Sachen ohne Aufforderung wegräumt oder die Anordnung der Mutter ordentlich befolgt, honoriert sie das selten und bemerkt es oft gar nicht in der Eile.

Durch die Einführung von gut begründeten Regelungen kann ständiges Befehlen vermieden werden, z. B. übernimmt ein Kind das Aufräumen in seinem Zimmer und wird dafür von anderen Aufgaben entlastet.

Wenn die Eltern klare Erwartungen über ein angemessenes Verhalten ihrer Kinder haben und das auch klar zum Ausdruck bringen, beeinflussen sie damit das Verhalten des Kindes oder des Jugendlichen ohne Lenkung – Dirigierung. Auch wenn die Eltern viel Vertrauen in die Entwicklung und das Verhalten des Kindes haben, üben sie – ebenso wie durch gegenteiliges Verhalten – nachweisbar einen bedeutsamen Einfluß aus. Ein Beispiel aus der Beratungspraxis kann das verdeutlichen.

Die Eltern von Christl F. (vierzehn Jahre, Schülerin) wandten sich vor allem auf Betreiben des Vaters an die Erziehungsberatungsstelle. Anlaß war das schwer gestörte Verhältnis zwischen Mutter und Tochter. Auslösendes Moment für die häufigen und schweren Konflikte zwischen Mutter und Tochter war und ist Christls Freundschaft mit einem um zwei Jahre älteren Jungen, den sie häufig trifft und mit dem sie am Wochenende ausgeht.

Christls Eltern bezogen zu ihrem Freund recht unterschiedlich Stellung. Die Mutter, deren Beziehung zu Christl schon vorher nicht ungetrübt war, zeigte sich unangenehm berührt. Durch Andeutungen und mißtrauische Erkundigungen ließ sie ständig erkennen, daß sie das sexuelle Interesse der beiden Jugendlichen für die Grundlage der Freundschaft hielt. Sie vermied jedoch eine klärende Aussprache mit der Tochter. Christl reagierte auf die unbegründeten Andeutungen der Mutter sehr empfindlich. Sie half der Mutter nicht mehr oder nur noch widerwillig im Haushalt, wodurch dauernd neue Konflikte entstanden. Der Vater war zwar auch durch die Freundschaft seiner Tochter nicht gerade angenehm überrascht. Er raffte sich aber zu einem eingehenden Gespräch auf und gab Christl klar zu verstehen, daß er nichts gegen die Freundschaft einzuwenden habe, aber eine sexuelle Beziehung für sehr ungünstig halte, und legte seine Gründe dafür dar. Christl stimmte seinen Ansichten im wesentlichen zu. Für die Wochenendausgänge vereinbarte der Vater mit Christl eine angemessene abendliche Heimkehrzeit.

Christl meinte gegenüber dem Berater, daß sie froh sei, wie viele ihrer Freundinnen einen Freund zu haben und daß sie ihn auch gern habe, aber eigentlich nicht mit ihm schlafen möchte. Nach Auseinandersetzungen mit der Mutter habe sie jedoch schon oft voll Zorn mit dem Gedanken gespielt, das zu tun, was die Mutter ohnehin dauernd vermutet.

Verminderung von Lenkung – Dirigierung im Sprachverhalten:

Oft fällt Eltern gar nicht auf, daß sie in ihrem Umgang mit dem Kind sehr häufig Befehle erteilen und dadurch Widerstand provozieren. Wer seinen Sprachgebrauch einmal beobachtet, schafft schon eine wichtige Voraussetzung für eine Verminderung der Lenkung. Mit etwas Selbstkontrolle und Übung ist es leicht möglich, unbegründete Befehle durch begründete Aufforderungen und sachliche Information zu ersetzen.

Einige Beispiele sollen das verdeutlichen:

starke Lenkung	*geringe Lenkung*
Du machst heute den Abwasch!	Mach bitte heute den Abwasch, ich bin sehr müde.
Wo gehst du jetzt hin?	Du möchtest noch weggehen?
Trödle nicht herum!	Wir müssen uns beeilen, der Bus fährt in fünfzehn Minuten.
Sprich doch lauter!	Ich konnte dich eben nicht verstehen.
Lern endlich, du Faulpelz!	Wenn du die Prüfung bestehen willst, hast du wahrscheinlich noch viel zu tun.

Besonders für Jugendliche, die aufgrund ihrer entwicklungsbedingten Unsicherheit ein starkes Bedürfnis nach Selbstbestätigung haben, ist es oft unmöglich, autoritäre Äußerungen von Erwachsenen ohne Widerstand hinzunehmen. Sie sind jedoch meist gerne bereit, höflichen Aufforderungen nachzukommen, besonders dann, wenn ihnen damit Verantwortung übertragen wird, denn das kommt ihrem Selbstbestätigungsbedürfnis ganz offensichtlich entgegen.

Vorschlag:

Arbeiten Sie die Übungsschritte 4 und 5 der 17. Übung „Lenkung“ durch.

Was bei der Verminderung von Lenkung – Dirigierung beachtet werden sollte:

Geringe Lenkung ist dann möglich, wenn Eltern versuchen, den Kindern ein Vorbild zu sein, wenn das Kind für erwünschtes Verhalten gelobt und anerkannt wird und wenn sich die Eltern um eine gute Beziehung zu den Kindern bemühen.

Allerdings müssen auch klare Grenzen gesetzt werden, wenn das Kind sich oder andere gefährdet, oder wenn es gerechtfertigte Bedürfnisse anderer verletzt. Wenn es diese Grenzen überschreitet, müssen negative Konsequenzen zunächst ruhig angekündigt und dann auch durchgeführt werden.

Ein Beispiel: Der fünfjährige Heinzi spielt in der Nähe seiner siebenjährigen Schwester mit Spielzeugautos. Ausgelassen wirft er eines der relativ schweren Autos nach ihr. Die Mutter, die das sieht, sagt: „Heinzi, du kannst Gudrun sehr weh tun, wenn du sie mit diesen Autos triffst. Wenn du noch einmal auf sie wirfst, kannst du nicht mehr mit den Autos spielen." Als Heinzi nach einigen Minuten wieder zum Wurf auf Gudrun ausholt, nimmt ihm die Mutter sofort das Auto aus der Hand. Sie sagt: „Es tut mir leid, du hast wieder damit auf Gudrun werfen wollen, du kannst jetzt eine Woche nicht mehr mit den Autos spielen", und trägt alle weg.

Eltern, die dem Kind Freiheit gewähren und in ihrem Verhalten Achtung vor seiner Person ausdrücken, sollten sicherstellen, daß die Kinder und Jugendlichen auch auf die Gefühle der Erwachsenen Rücksicht nehmen. Sonst wird es auf die Dauer unmöglich, das eigene Erziehungsverhalten durchzuhalten. Dies kann erreicht werden, wenn die Eltern Rücksichtnahme des Kindes auf ihre Gefühle ausdrücklich anerkennen oder wenn sie es offen und ruhig zu verstehen geben, wenn sie sich verletzt fühlen: „Deine Bemerkung von vorhin war mir sehr unangenehm, solche Vergleiche tun mir weh."

Auch wenn am Anfang nicht alles klappt, langfristig wirkt sich die verminderte Lenkung erwiesenermaßen positiv aus. Wer sich das vor Augen hält, der kann Anfangsschwierigkeiten und Unsicherheit leichter überwinden.

Ist geringe Lenkung mit der Anwendung des Verstärkungsprinzips vereinbar?

Der Leser oder die Leserin mag sich fragen, ob denn die gezielte Anwendung des Verstärkungsprinzips nicht unvereinbar sei mit der Forderung, hohe Lenkung zu unterlassen. Lenken Eltern ihre Kinder nicht in starker Weise, wenn sie diese gezielt positiv verstärken? Dies Frage ist in der Tat naheliegend. Mit der Verringerung der Lenkung ist jedoch nicht gemeint, der **Einfluß** der Eltern auf ihre Kinder sollte reduziert werden. Vielmehr sollen die konstruktiven Einflüsse gefördert werden. Weniger Lenkung im oben besprochenen Sinne, weniger unbegründete Befehle, weniger Einschränkungen des Handlungsspielraumes, weniger Dirigierung **beeinflussen** die Kinder in Richtung Selbständigkeit. Dieser positive Einfluß wird ergänzt und verstärkt, wenn Eltern ihre Kinder für das **er-**

wünschte Verhalten unterstützen durch Ermunterung, positive Verstärkung und Anerkennung. In diesem Sinne ergänzen sich diese beiden Prinzipien.

Zusammenfassung zur Dimension Lenkung – Dirigierung

Ein hohes Ausmaß an Lenkung–Dirigierung hat häufig ungünstige Auswirkungen auf Kinder und Jugendliche: Ängstlichkeit, Unsicherheit, Streitsüchtigkeit, ein geringes Ausmaß an Schulreife, soziale Unangepaßtheit, schlechte Schulleistungen, geringer Einfallsreichtum und verschiedene schwere Verhaltensstörungen können Folgen sein. Besonders ungünstige Auswirkungen, wie z. B. Delinquenz, können sich ergeben, wenn starke Lenkung – Dirigierung zusammen mit einer gefühlsmäßig negativen Einstellung zum Kind auftritt.

Das hohe Ausmaß an Lenkung – Dirigierung, das viele Eltern in ihrer Erziehung verwirklichen, ist häufig durch das Modell ihrer eigenen Eltern, durch ungünstige Erziehungseinstellungen und durch die kurzfristigen Vorteile von starker Lenkung bestimmt. Oft sind sich Eltern über das Ausmaß der von ihnen praktizierten Lenkung nicht im klaren, und sie sind nicht über deren ungünstige Auswirkungen informiert.

Ein hohes Ausmaß an Lenkung kann durch ein Verhalten ersetzt werden, das geeignet ist, die eingangs diskutierten Erziehungsziele zu verwirklichen:

- *Eltern bieten ein Modell für das bei den Kindern erwünschte Verhalten.*
- *Lob, Belohnung und Anerkennung werden zielbewußt zur Verstärkung erwünschten Verhaltens eingesetzt, unerwünschte Verhaltensweisen werden eher ignoriert.*
- *Den Kindern werden bestimmte, klar gekennzeichnete Bereiche zur Selbstentscheidung überantwortet, in den meisten Bereichen des Familienlebens können die Kinder mitentscheiden.*
- *Befehle lassen sich durch höfliche Aufforderungen oder sachliche Information ersetzen.*
- *Eltern zeigen optimistische Erwartungen bezüglich des sozialen und intellektuellen Verhaltens ihrer Kinder.*

Vorschlag:

Überlegen Sie, welche organisatorischen Veränderungen im täglichen Ablauf des Familienlebens zu einer Verminderung von Lenkung beitragen könnten.
Welche Bereiche (siehe oben) können den Kindern zur Selbstentscheidung überantwortet werden?
Beraten Sie mit Ihrem Ehepartner, durch welche Änderungen im Eltern-

verhalten (Aufbau eines Modellverhaltens, vermehrter Einsatz von Lob, usw.) Lenkung vermindert werden könnte.
Gehen Sie in Gedanken schwierige Erziehungssituationen durch und versuchen Sie aufgrund der obigen Ausführungen sich vorzustellen, wie Sie sich weniger lenkend verhalten könnten. Spielen Sie das gering lenkende Verhalten zuerst in Gedanken durch und dann eventuell mit Ihrem Partner, der die Rolle des Kindes übernimmt.
Fordern Sie Ihren Ehepartner auf, Sie auf unbegründetes Befehlen und auf möglicherweise verletzende Äußerungen dem Kind gegenüber aufmerksam zu machen, und versuchen Sie, die stark lenkenden Äußerungen durch höfliche Aufforderungen und sachliche Information zu ersetzen.
Überdenken Sie nochmals, was man bei der Verminderung von Lenkung beachten sollte.

Abschnitt VIII:
Bewältigung von Konflikten

Konflikte zwischen Eltern und Kindern sind nichts Ungewöhnliches. Zwischen Menschen jeden Alters gibt es Interessensunterschiede, ganz gleich, in welcher Beziehung sie zueinander stehen. Für die Betroffenen können sie natürlich trotz dieser Erkenntnis sehr belastend sein.

Je älter die Kinder werden, desto schwieriger erscheinen den Eltern die Auseinandersetzungen, da ihre Macht, ihren Willen durchzusetzen, nach und nach abnimmt.

Im folgenden wollen wir auf ein paar wesentliche Punkte eingehen, die bei der Lösung von Konflikten beachtet werden müssen. Diese Aspekte sind nicht erst für Eltern mit Kindern in der Pubertät bedeutsam. Faires Konfliktlösen kann gar nicht früh genug eingeübt werden.

Konflikte entstehen, wenn Menschen mit ihren Bedürfnissen, Interessen oder Wertvorstellungen in Widerspruch zueinander geraten. Bei Eltern und Kindern ist dies – wie in jeder engen Gemeinschaft – zwangsläufig häufig der Fall:

Der Jugendliche besteht gegen den Willen der Eltern auf einem Urlaub mit seiner Freundin.

Die Spielsachen sind trotz Aufforderung nicht weggeräumt.

In engen Gemeinschaften gibt es zwangsläufig Konflikte, aber keineswegs zwangsläufig sind die Belastungen, der Groll und der Haß, die so häufig daraus entstehen.

Konflikte können durchaus so ausgetragen werden, daß die Beteiligten hinterher erleichtert sind und ihre Zuneigung wächst.

Zu Belastungen, Groll und anderen negativen Gefühlen kommt es immer, wenn ein Beteiligter versucht, seine Absicht mit Machtanwendung und Zwang durchzusetzen. Das ist besonders verführerisch und häufig der Fall, wenn die Macht (Möglichkeit der Bedrohung, Bestrafung, Belohnung des anderen) zwischen den Partnern ungleich verteilt ist.

Machtgebrauch in Konfliktsituationen

Im Eltern-Kind-Verhältnis verfügen die Eltern zumeist über eklatant bedeutendere Machtmittel physischer und psychischer Art als das Kind. Daher ist es teilweise sogar verständlich, wenn es ihnen meist ganz selbstverständlich erscheint, Konflikte durch das Ausspielen ihrer Macht für sich zu entscheiden.

Dieses elterliche Konfliktverhalten hat zwar manchmal kurzfristige Vorteile, langfristig jedoch schlimme Auswirkungen: Da das Kind zum erzwungenen Verhalten nicht motiviert ist, muß es häufig und intensiv kontrolliert werden. Selbstdisziplin und Selbstverantwortung können nicht genügend erlernt werden. Manche Kinder rebellieren gegen den Zwang, indem sie genau das Gegenteil des Erwünschten tun. So verlieren Eltern geradezu an Einfluß. Bei besonders rücksichtsloser Anwendung elterlicher Macht können Unterwürfigkeit und willenlose Fügsamkeit, Passivität und Autoritätsgläubigkeit die Folge sein. Das Kind empfindet gegen die Eltern Groll und Feindschaft, die in Aggressionen oder trotzigem Schweigen münden. Es beginnt zu lügen, um den elterlichen Zwang zu umgehen.

Der Jugendliche ist schon wesentlich weniger als das Kind von seinen Eltern abhängig und damit weniger ihrer Macht ausgeliefert. Er hat Freunde oder einen Partner, die ihm Sympathie und Zuneigung entgegenbringen. Er hat die Möglichkeit, selbst Geld zu verdienen. Unter diesen Bedingungen werden die gewohnten Machtmittel unwirksam. Dann wird die Unlenkbarkeit des Jugendlichen beklagt. Und wenn die Eltern nach dem gewohnten Schema besonders massive Machtmittel einsetzen wollen, kommt es leicht zu den bekannten dramatischen Szenen, die mit Weggang oder Hinauswurf des Jugendlichen und dauernder Entfremdung enden.

Der häufige Machtgebrauch der Eltern ist auch dadurch bedingt, daß sie selber durch ihre Eltern, aber auch durch ihre Lehrer, Offiziere, Vorgesetzten kein anderes Modell für das Verhalten in Konfliktsituationen erfahren haben. So wenden Eltern aus Mangel an Wissen und Erfahrung Methoden an, die sie selbst ungünstig und unwirksam finden.

Manche Kinder und Jugendliche setzen aber auch ihre Bedürfnisse auf Kosten ihrer Eltern durch, z. B. indem sie durch Wutanfälle, Schreikrämpfe oder Drohungen Macht über ihre Eltern ausüben. In diesem Fall entstehen in den Eltern dann leicht Groll und Abneigung gegen das Kind. Wenn das Kind mit diesen Methoden Erfolg hat, wird es wenig Veranlassung sehen, auf die Bedürfnisse seiner Umgebung zu achten – die Folge ist Eigensucht.

Die „Niederlage-lose“ Methode zur Lösung von Konflikten

Gordon (1972) stellt in seinem lesenswerten Buch „Familienkonferenz“ der Methode der Machtanwendung zur Lösung von Konflikten – die er „Sieg-Niederlage-Methode“ nennt – als Alternative die „Niederlage-lose“ Methode gegen-

da ihre Macht sukzessive im Abnehmen begriffen ist

über. Vertraut ist uns diese Methode zwischen annähernd gleich mächtigen Partnern. Sie besteht darin, daß die Konfliktpartner auf Machtanwendungen jeglicher Art verzichten und gezielt nach Lösungen suchen, die für jeden der Partner annehmbar und für keinen mit einer beeinträchtigenden Niederlage verbunden sind.

Ein Teilnehmer eines von Gordon geleiteten Elternkurses berichtet über folgende „Niederlage-lose" Konfliktlösung zwischen Eltern und Tochter:

„*Vater:* Es ist nötig, daß wir beide etwas im Hinblick auf dein Zubettgehen klären. Jeden Abend müssen Mutter oder ich oder wir alle beide mit dir zanken und hinter dir her sein und dich manchmal zwingen, zur festgesetzten Zeit um acht Uhr zu Bett zu gehen. Mir ist nicht sehr wohl dabei zumute, wenn ich das tue, und ich frage mich, wie du dich dabei fühlst.

Laura: Ich mag nicht, wenn du mit mir schimpfst . . . und ich mag nicht so früh ins Bett gehen. Ich bin schon groß und müßte länger als Gregor (Bruder, zwei Jahre jünger) aufbleiben dürfen.

Mutter: Du hast das Gefühl, wir behandeln dich genauso wie Gregor, und das ist nicht gerecht.

Laura: Ja, ich bin zwei Jahre älter als Gregor.

Vater: Und du meinst, wir müßten dich wie jemanden behandeln, der zwei Jahre älter ist.

Laura: Ja.

Mutter: Daran ist etwas Wahres. Aber wenn wir dich länger aufbleiben lassen und du trödelst dann mit dem Zubettgehen, fürchte ich, daß du wirklich sehr spät schlafen gehen wirst.

Laura: Aber ich werde nicht trödeln – wenn ich nur ein bißchen länger aufbleiben kann.

Vater: Vielleicht könntest du uns ein paar Tage zeigen, wie gut man sich auf dich verlassen kann, und dann verschieben wir die Zeit vielleicht.

Laura: Das ist auch nicht gerecht!

Vater: Es würde nicht gerecht sein, dich die spätere Zeit „verdienen" zu lassen, hm?

Laura: Ich finde, ich müßte länger aufbleiben dürfen, weil ich älter bin. (Stille) Wenn ich nun um acht zu Bett gehe und bis halb neun im Bett lese?

Mutter: Du würdest zur festgesetzten Zeit ins Bett gehen, aber das Licht würde noch eine halbe Stunde brennen, damit du lesen könntest?

Laura: Ja – ich lese gerne im Bett.

Vater: Ich finde, das klingt ganz vernünftig – aber wer wird auf die Uhr achten?

Laura: Oh, das tue ich. Ich knipse das Licht genau um halb neun aus!

Mutter: Das hört sich wie eine gute Idee an, Laura. Wollen wir es damit eine Weile versuchen?"

Vom Ergebnis berichtete der Vater wie folgt:

„Danach hatten wir kaum Probleme mit dem Zubettgehen. Bei den Gelegenheiten, bei denen Lauras Licht um halb neun noch nicht aus war, konfrontierte sie einer von uns mit einer Bemerkung wie: ‚Es ist jetzt halb neun, Laura, und wir haben eine Abmachung getroffen, wann das Licht ausgemacht wird.' Sie reagierte immer bereitwillig auf solche Mahnungen. Diese Lösung erlaubte es Laura, ein ‚großes Mädchen' zu sein und wie Vater und Mutter im Bett zu lesen."

In diesem Bericht zeigen sich die bedeutsamen Charakteristika dieser Methode.

1. Die Eltern beziehen die Auffassung des Kindes in die Konfliktlösung mit ein, indem sie es direkt und präzis auf den Konflikt hin ansprechen, ihm mitteilen, was sie selbst in der Konfliktsituation bedrückt, und eine gemeinsame Problemlösung vorschlagen. Keinesfalls beschuldigen oder beschimpfen die Eltern das Kind, sondern sie teilen ihm mit, inwiefern sein Verhalten ihre Bedürfnisse beeinträchtigt oder ihren Vorstellungen entgegensteht. Die Reaktion der Kinder ist dann oft Erstaunen. Sie wissen oftmals gar nicht, welche Empfindungen ihr Verhalten bei einem Elternteil auslöst. Durch diese Information ist es dem Kind häufig möglich, sein Verhalten selbst zu modifizieren. In dieser Phase der Bemühungen muß es dem Kind oder Jugendlichen auch klar werden, daß eine Konfliktlösung gesucht werden soll, die für beide Teile

annehmbar ist. Keinesfalls darf der Eindruck entstehen, daß nur eine neue Methode zur Durchsetzung des elterlichen Willens angewandt wird.

2. Anschließend werden mögliche Lösungen vorgeschlagen. Im Bericht bei Gordon findet das Mädchen selbst eine für alle Beteiligten annehmbare Lösung. Günstig ist es, wenn die Vorschläge zunächst nur gesammelt und nicht bewertet werden, da dann mehr Einfallsreichtum zu beobachten ist – und das kann sehr notwendig sein.
3. Die Bewertung der vorgeschlagenen Konfliktlösungen führt zur Entscheidung für die annehmbarste. Dabei ist es wichtig, daß jeder Konfliktpartner seine Empfindungen (Angst, Zweifel, Freude) in bezug auf die einzelnen Vorschläge ausdrückt. Nur dann sind Eltern und Kind über die Gründe von Ablehnungen informiert und können eventuell nach akzeptableren Lösungen suchen.
4. Die Durchführung der gefundenen Konfliktlösung wird möglichst genau festgelegt. Dadurch können Mißverständnisse und Enttäuschungen vermieden werden.

Um zu befriedigenden Ergebnissen zu kommen, ist es wesentlich, daß die Eltern während des Gesprächs ein hohes Ausmaß an Verständnis haben. Dadurch erst erfahren sie, welche verborgenen Bedürfnisse des Kindes dem Konflikt zugrundeliegen.

Genauso wichtig ist es, daß die Eltern ihre Bedürfnisse, Gefühle und Vorstellungen ehrlich und offen mitteilen, ohne Beschimpfung oder Beschuldigung. Dadurch zeigen sie den Kindern, wie man die eigenen Interessen mitteilen und wahren kann, ohne andere zu verletzen oder ihren Widerstand zu provozieren. Beispiel: „Ich bin richtig enttäuscht, wenn ich mich mit dem Kochen abmühe und ihr dann nicht rechtzeitig zum Essen kommt." „Wir haben Angst, daß dir etwas zugestoßen sein könnte, wenn du so spät heimkommst, und können dann nicht einschlafen."

Wie viele Eltern jedoch bei den ersten Versuchen bemerken, ist es nicht einfach, seine Empfindungen und Gefühle klar und offen auszudrücken. Die ersten Abschnitte im Übungsteil „Bewältigung von Konflikten" beschäftigen sich daher speziell mit diesem Problem.

Konsequenzen bei der Verletzung eingegangener Verpflichtungen

Wenn das Kind sich nicht an die gemeinsam gefundene Lösung hält, dann muß es meist nur daran erinnert werden. Wenn vorher negative Folgen vereinbart werden, dann sollten es „natürliche" Konsequenzen oder eine Wiedergutmachung sein.

„Natürliche" Konsequenzen: Die Folgen stehen in einem möglichst unmittelbaren Zusammenhang mit dem Verhalten des Kindes. Einige Beispiele: Kinder reinigen selbst Kleidungsstücke wie Handschuhe, Strümpfe, Stiefel, wenn sie sie über ein unvermeidbares Ausmaß beschmutzt haben. – Trödeln bei den Hausaufgaben führt zu einer Verlängerung der Arbeitszeit. Auf keinen Fall sollten Eltern das Trödeln durch Helfen „belohnen". – Ein Jugendlicher, der sein ausreichendes Taschengeld leichtsinnigerweise vorzeitig verbraucht hat, muß den Rest der vereinbarten Zeit ohne Geld auskommen. – Kinder, die ihr Spielzimmer in besonders unordentlichem Zustand verlassen, räumen es selbst auf.

Wiedergutmachung: Oft sind „natürliche" Konsequenzen nicht möglich; in diesen Fällen sind oft Wiedergutmachungsformen günstiger als die üblichen Bestrafungen: Ein Junge, der sein jüngeres Schwesterchen geschlagen hat, wird aufgefordert, einen Nachmittag besonders verständnisvoll mit ihm zu spielen und ihm von seinem Taschengeld ein Eis zu kaufen. – Jungen, die Äpfel gestohlen haben, müssen den Garten alter Menschen umgraben. – Ein Jugendlicher, der einen Erwachsenen beleidigt hat, wird verpflichtet, sich zu entschuldigen und sich für einen Nachmittag zur Blindenbetreuung zur Verfügung zu stellen.

Wichtig ist weiterhin, daß den Konfliktpartnern bewußt ist, daß die vereinbarten Lösungen nicht unabänderlich sind. Manchmal stellt sich nämlich doch heraus, daß die eingegangenen Verpflichtungen von einem Partner schwer eingehalten werden können. In diesem Fall müssen gemeinsam Änderungen gesucht werden.

Die Vorteile der „Niederlage-losen" Methode der Konfliktbewältigung sind offensichtlich. Das Kind oder der Jugendliche ist motiviert, die von ihm selbst mitgefundene Konfliktlösung einzuhalten. Dauernde Kontrolle oder Zwang wie bei aufgezwungenen Lösungen sind nicht notwendig, statt dessen werden Selbstdisziplin und Selbstverantwortung erlernt. Das Besprechen der Gründe, die zum Konflikt geführt haben, der Ausdruck der Gefühle, das gemeinsame Suchen und Akzeptieren von Lösungen bringen emotionelle Erleichterung und bewirken Zuneigung der Konfliktpartner füreinander, während Machteinsatz und Zwang die Eltern-Kind-Beziehung vergiften. Da die Kinder fühlen, daß ihre Bedürfnisse wichtig genommen werden, ist es für sie nicht notwendig, sich durch Protest zu behaupten. Die Voraussetzung für ein entspanntes, erfreuliches Familienleben ist damit geschaffen.

Konfliktvermeidung durch Einstellungsänderung der Eltern

Gordon sieht die Grenzen seiner „Niederlage-losen" Methode der Konfliktbewältigung dort, wo die Ursache eines Konfliktes im Bedürfnis der Eltern liegt, ihre Überzeugungen und Wertvorstellungen zumindest teilweise durchzusetzen. So kann es sein, daß Eltern modischen Tendenzen sehr abwertend gegenüberstehen. Oder streng religiöse Eltern können es nicht ertragen, wenn ihre Kinder die Religionsausübung verweigern.

Sicherlich sind die Ursachen für das Bedürfnis der Eltern, ihre Wertvorstellungen durchzusetzen, sehr vielschichtig. So besteht bei manchen Eltern, die mit dem, was sie erreicht haben, nicht zufrieden sind, die Tendenz, durch ihre Kinder Ansehen und damit eine gesteigerte Selbsteinschätzung zu gewinnen. Die leistungsstarken Musterkinder werden gewissermaßen zum Statussymbol. Oft ist es für Eltern, die eine bestimmte Weltanschauung strikt vertreten, kaum erträglich, zu sehen, wie sich ihre Kinder davon abwenden und eine eigene Lebensauffassung entwickeln. Eltern, deren Beziehung zum Ehepartner gefühlsmäßig wenig befriedigend ist, konzentrieren verständlicherweise häufig ihre Zuneigung und ihr Interesse ganz auf das Kind, und sie sind dadurch auf ein hohes Ausmaß kindlicher Wertschätzung angewiesen. Deshalb reagieren sie in Konfliktsituationen mit Ärger und Verletztheit.

Auf diesem Hintergrund ist die „Niederlage-lose“ Methode wenig geeignet. Der Jugendliche hat nämlich ein elementares „Menschen- und Bürgerrecht“, sein Leben und sein Verhalten nach eigenen Wertvorstellungen auszurichten, solange das niemand anderen beeinträchtigt. Eltern müssen sich damit abfinden, daß Überzeugungen nur schwer erzwungen werden können – sie können jedoch wirksam angeboten werden, indem sie von den Eltern vorgelebt werden.

Solche Konflikte können nur vermieden werden, wenn Eltern ihre Einstellung ändern und ihren Kindern zubilligen, ihr Leben und ihr Verhalten nach eigenen Vorstellungen zu gestalten und zu verantworten. Dabei sollten sie bedenken, daß der Protest gegen elterliche Wertvorstellungen oft gerade daher kommt, daß diese eben nicht überzeugend vorgelebt, sondern nur verbal geäußert werden.

Vorschlag:

Bearbeiten Sie die 18. Übung „Bewältigung von Konflikten“.

Abschnitt IX:
Entwicklungsspezifische Erziehungsaspekte

Säuglinge

Bereits Säuglinge lernen

Wir hatten zu Beginn des Buches darauf hingewiesen, daß nicht nur die Eltern ihre Kinder beeinflussen, sondern bereits Säuglinge auch ihre Eltern. Für die Entwicklung des Säuglings und Kleinkindes ist es sogar sehr wichtig, vom frühesten Alter an zu erfahren, daß es andere beeinflussen kann.

Eine der ersten Einflußmöglichkeiten, die Säuglinge haben, ist das Weinen und Schreien. Babys und Kleinkinder schreien, wenn sie Hunger, Durst oder Bauchschmerzen haben, wenn sie nasse Windeln haben, aber auch, wenn sie nicht allein sein wollen.

Früher hat man oft hören können, Weinen sei ganz gut für die Säuglinge. Es stärke Lunge und Stimme. Diese Anschauung ist heute nicht mehr haltbar. Für Säuglinge und Kleinkinder ist es sehr wichtig, daß die Umwelt einfühlsam auf ihr Schreien reagiert. Sie lernen, daß ihnen in Notsituationen geholfen wird und daß sie diese Hilfe selbst „herbeirufen" können.

Grossmann & Grossmann (1984) fanden bei Säuglingen, deren Mütter einen „sanftliebevollen" Konversationsstil pflegen und über eine hohe Feinfühligkeit verfügen, mehr freudige Lautäußerungen und Erzähllaute.

Nach der bekannten und vieldiskutierten Studie von Bell & Ainsworth (1972) entwickeln Kinder, deren Mütter zuverlässig auf das Schreien reagiert haben, schon ab dem dritten, vierten Monat angenehmere Kontrollsignale in stärkerem Ausmaß: Mimik, Körpergestik und Vokalisieren. „Das Kind einer feinfühligen Mutter lernt deren Antwort vorherzusehen, und es entwickelt Vertrauen in seine eigenen Möglichkeiten, die Dinge zu kontrollieren, die ihm widerfahren" (Bell & Ainsworth). Diese Kinder sind nach einem Lebensjahr auch besser an die Mutter gebunden als die Kinder mit wenig feinfühligen Müttern. Seligman (1983) hat durch seine Theorie der gelernten Hilflosigkeit darauf aufmerksam gemacht, daß für eine gesunde Entwicklung die Erfahrung der Beeinflussungsmöglichkeit unerläßlich ist. Bereits in den ersten Lebensmonaten können Säuglinge lernen, daß sie mit bestimmten Reaktionen bestimmte Konsequenzen auslösen können, daß sie also eine gewisse Beeinflussungsmöglichkeit besitzen. Das

Erlebnis, daß wir auf die Umwelt Einfluß ausüben können, verschafft uns das Gefühl der Kompetenz, der Selbstsicherheit.

Wird diese Erfahrung nicht gemacht, dann können sich, wie die Untersuchungen von Seligman zeigen, schwerwiegende Folgen einstellen:

- Die *Motivation,* auf die Umwelt Einfluß zu nehmen, nimmt ab.
- Massive, *emotionale Störungen* (Angst, Depression) und schließlich Hilflosigkeit stellen sich ein.
- Die *Lernfähigkeit* wird beeinträchtigt und vermutlich werden die Kontrollüberzeugungen und ersten Kausalattributionstendenzen in diesen ersten Erfahrungen angebahnt.

Es scheint, daß der Mensch geradezu ein Urbedürfnis nach Kontrolle, nach Kompetenz besitzt. Kann das Kind keinen geregelten Zusammenhang zwischen seinen Handlungen und den Reaktionen der Umwelt erfahren, so erlebt es eine anarchistische Welt. Ihm fehlt die Erfahrung einer Ordnung, und die Antwort darauf ist Resignation. Nur wer erfahren hat, daß er auf seine Umwelt einwirken kann, entwickelt ein beständiges Selbstvertrauen und übernimmt Verantwortung für sein Handeln.

Säuglinge zu Tyrannen erziehen?

Natürlich taucht in diesem Zusammenhang die Frage auf, ob durch die prompte Reaktion nicht das Schreien der Kinder verstärkt werde und sie zu kleinen Tyrannen erzogen werden. Ab einem gewissen Alter – vielleicht schon mit fünf oder sechs Monaten – haben Säuglinge tatsächlich gelernt, das Schreien als Mittel einzusetzen, um Zuneigung und Aufmerksamkeit zu erlangen. In den ersten Monaten gilt das jedoch nicht. Ganz junge Säuglinge schreien nur, wenn sie sich „in Not" befinden. Sie müssen die Erfahrung machen, daß ihnen geholfen wird, daß sie in einer verläßlichen Umwelt leben. Sie sollen auch allmählich lernen, daß sie Einfluß auf die Umgebung nehmen können, daß sie das Verhalten ihrer Eltern ein Stück weit mitregulieren.

Die Möglichkeit des Kindes, Einfluß ausüben zu können, ist ein entscheidender Faktor einer gesunden Entwicklung. Eltern müssen aber sehr früh lernen zu unterscheiden, welche Bedürfnisse ihrer Kleinkinder sofort befriedigt werden müssen und welche sie schon ihrem Alter entsprechend aufschieben können.

Man beginnt heute die Bedeutung zu erahnen, die der Kontroll- und Kompetenzerfahrung bereits in frühester Kindheit für eine gesunde Entwicklung zukommt. Erfahrungen solcher Art werden nicht durch reine Strafvermeidung und Laissez-faire grundgelegt, sondern durch eine hohe Antwortbereitschaft der Eltern in den ersten Lebensmonaten und durch eine konsequente Erziehung. Diese allein vermag dem Kind die Vorhersagbarkeit und Vorhersehbarkeit der Ergebnisse seines Handelns zu vermitteln. In dem Ausmaß, wie diese Erfahrung einer erzieherischen Ordnung fehlt, scheinen Kinder in ihrem Vertrauen auf ihr eigenes Handlungsvermögen beeinträchtigt zu werden. Es liegt nahe, daß die Entwicklung der späteren Ursachenzuschreibungstendenzen damit in engem Zusammenhang steht; dies bedeutet m. a. W., daß, wieweit später jemand die Tendenz hat, Ursachen für Erfolg oder Mißerfolg der eigenen Kompetenz bzw. Inkompetenz oder aber fremden Einflußfaktoren zuzuschreiben, sich als abhängig von den vorausgegangenen Kontrollerfahrungen erweisen dürfte.

Man kann nicht oft genug darauf hinweisen, wie wichtig die sozialen Erfahrungen der Säuglinge für ihre weitere Entwicklung sind. *Das bedeutet jedoch nicht, daß das Schicksal des Menschen, wie oft behauptet wird, in den ersten zwei bis drei Lebensjahren ein für allemal besiegelt würde.* Der Mensch macht zeitlebens Erfahrungen, die ihn beeinflussen können. Frühkindliche schlechte Erfahrungen schaffen dem Kleinkind schlechte Entwicklungsbedingungen. Schwerwiegend werden die Folgen dann sein, wenn diese negativen Bedingungen über die frühe Entwicklung hinaus andauern.

Umgekehrt könnten auch anfänglich gute Entwicklungen später ungünstig verlaufen, wenn sich die Umstände plötzlich dauerhaft negativ verändern. Auch hier beeinflussen sich Eltern und Kind gegenseitig: Ein Kind, das sich in den ersten Lebensjahren positiv entwickelt und entfaltet, bereitet den Eltern Freude. Sie verhalten sich dem Kind gegenüber annehmend und bejahend, was wiederum dazu führt, daß sich das Kind besser entfalten kann. Bei einem schwierigen Anfang kann die Entwicklung genau umgekehrt verlaufen – im schlechten Sinn wie eine Spirale. Was dann als schlechter Start in Erscheinung tritt, hat nur irrtümlicherweise für sich allein die oft behauptete Wirkung auf das spätere Erwachsenenleben dieses Menschen. Vielmehr ist es die *Kontinuität* psychologisch ungünstiger Bedingungen.

Säuglinge zu Tyrannen erziehen?

Vorschläge:

1. Überlegen Sie und beobachten Sie sich, wie aufmerksam Sie kindlichen Signalen gegenüber sind.
   Beachten Sie auch diskrete Zeichen des Unbehagens oder der Freude Ihres Säuglings oder Ihres Kleinkindes?
2. Haben Sie den Eindruck, daß Sie die Zeichen richtig interpretieren können, daß Sie verstehen, was dem Kind fehlt oder was es ausdrükken möchte, ohne über die Sprache zu verfügen?
3. Welche Signalarten verwendet Ihr Kind? Können Sie verschiedene entdecken für den Ausdruck von Unbehagen, Hunger, usw. oder auch für Freude, Wohlbefinden . . .?

4. Überlegen Sie, wie Sie auf die verschiedenen Zeichen zu reagieren pflegen. Reagieren Sie prompt und verläßlich?
5. Nehmen Sie sich Zeit, auch außer der Ernährung und der Körperpflege, z. B. durch Spielen oder Sprechen, mit Ihrem Kind Kontakt zu haben?
6. Führen Sie die 19. Übung durch!

Erwachen des Ichs oder Trotzalter?

Normalerweise machen Eltern die Erfahrung, daß Konflikte im Laufe des zweiten Lebensjahres ihres Kindes spürbar häufiger werden. Die kleine Tochter oder der kleine Sohn beginnen „nein" zu sagen. In der Alltagspsychologie spricht man bei uns von der „Trotzphase". Dieser Begriff enthüllt ein Erziehungsideal, das durch Gehorsam und die strikte Befolgung elterlicher Anweisungen charakterisiert ist. Interessanterweise kennen andere Kulturen, etwa die italienische, diese Phase nicht. Dort ist man anscheinend eher geneigt, diese entwicklungsbedingte Anhäufung von Konflikten als erwünschtes Zeichen des erwachenden Ichs zu sehen. In einem französischen Buch über Entwicklungspsychologie aus dem letzten Jahrhundert findet man für den romanischen Kulturraum bezeichnenderweise keinen Abschnitt über das Phänomen des Trotzes. Die bei uns so bezeichneten Äußerungen des Kindes sind dort abgehandelt unter dem Kapitel des Willens und des Zornes. Der Verfasser, Bernard Perez (1982^2), schreibt, daß das Kind durchaus im Recht ist, sich zu ärgern und zu wehren, wenn die Erwachsenen plötzlich beginnen wollen, ihm schlechte Gewohnheiten zu verbieten, die sie ihm vorher angewöhnt haben, wenn „wir ihm ohne Rücksicht auf seine erwachende und zarte Persönlichkeit Handlungen aufzwingen wollen, die es ganz und gar nicht mag". Der Verfasser plädiert dafür, daß Eltern versuchen sollten, diese erwachende Fähigkeit behutsam in die konstruktive Richtung zu leiten, weil sie eines der fruchtbarsten Elemente menschlicher Möglichkeiten darstelle.

Die moderne Entwicklungspsychologie hat sich mit dem Phänomen des erwachenden Ichs unter verschiedenen Aspekten auseinandergesetzt. Die amerikanische Psychologin Goodenough hat bereits 1931 auf der Grundlage der systematischen Beobachtung von fünfzig Müttern die Häufigkeitsverteilung von Wutausbrüchen ermittelt, die auch L. Kemmler, 1957, im deutschen Sprachraum 25 Jahre später in ähnlicher Weise wieder feststellen konnte. Im zweiten Lebensjahr ergibt sich ein deutlicher Gipfel, wie die folgende Abbildung zeigt:

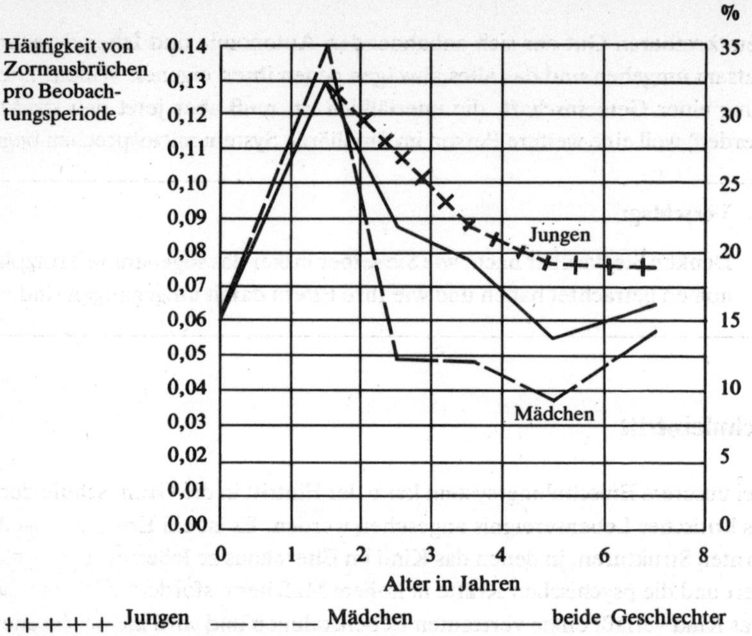

Häufigkeit von Zornausbrüchen bei Jungen und Mädchen im ersten bis achten Lebensjahr (nach GOODENOUGH 1931)

Die österreichische Psychologin Charlotte Bühler hat bereits 1928 das bei uns als „Trotz" bezeichnete Phänomen als die Geburt des Ichs interpretiert: „Das selbständig wollende Ich ist geboren, das mit der Ablösung der Willensziele vom einfachen Trieb sich nun sofort in die Konfliktsituation hineingestellt sieht, Ichforderung und Wertforderung, Ichforderung und Forderungen der Umgebung gegeneinander ausbalancieren zu müssen." Daß ihm dies natürlich nicht sogleich, daß es ihm bis zu gewissem Grade sein Leben lang nie gelingt, wird uns nicht wundern. Wundern muß uns vielmehr, wie relativ schnell das Kind ein relativ gutes Gleichgewicht zwischen sich und dem Gegenüber herstellt, wie bald es sich in der neuen komplizierten Lage zurechtfindet.

Das Kind befindet sich in dieser Zeit in einem Spannungsverhältnis zwischen den eigenen Bedürfnissen, dem Streben nach Selbständigkeit und auch der Entdeckung der eigenen Kompetenzen und auf der anderen Seite den Normen der Umwelt. Der Forscher Horst Nickel faßt das treffend zusammen: „Es hängt weitgehend vom Verhalten der Umwelt ab, ob die Entwicklungsfortschritte des Kindes zu Trotzreaktionen führen. Je restriktiver sich die Erzieher verhalten und je weniger Verständnis sie für die jeweilige Situation des Kindes aufbringen, umso häufiger wird es zu Trotzanfällen kommen." Das bedeutet nicht, daß Eltern sich blind allen Willensäußerungen des Kindes unterwerfen. Aber sie werden mit dem kostbaren Gut der sich anbahnenden Autonomie und Ichentwicklung behutsam umgehen und das alles abwägen gegen ihren eigenen Willen. Die Ordnung einer Gemeinschaft, die unerläßlich ist, muß aber jetzt neu strukturiert werden, weil eine weitere Person im familiären System mitzusprechen beginnt.

Vorschlag:

Denken Sie darüber nach, wie Sie selber bisher das sogenannte Trotzphänomen betrachtet haben und wie Ihre Eltern damit umgegangen sind.

Schuleintritt

Bei unserem Einschulungssystem kann der Eintritt in die Grundschule durchaus als kritisches Lebensereignis angesehen werden. Es ist ein Ereignis, das die gelernten Strukturen, in denen das Kind im Elternhaus zu leben gelernt hat, labilisiert und die psychischen Kräfte in hohem Maß herausfordert und beansprucht. Das Kind verläßt einen vertrauten Lebensrahmen und wird mit ganz neuen Ansprüchen und Umständen konfrontiert. Das erfordert eine Anpassungsleistung, die im Leben wenig ihresgleichen hat. Die folgende Gegenüberstellung der beiden Umwelten mag den Sprung verdeutlichen, den das Kind bei der Einschulung zu bewältigen hat:

Familie	**Schule**
Gefühlsorientiert geprägte Sozialbeziehungen	*Sachbezogene* Sozialbeziehungen
Überschaubares soziales Geflecht	*Komplexes* soziales Geflecht: Schüler – Mitschüler – Lehrer
Hohe Toleranz gegenüber Regelübertretungen	*Hoher Disziplinierungsgrad* bei Regelabweichungen
Reglementierung der Interaktion mit vielen Freiheitsgraden und *erwünschter Spontaneität*	*Hochgradige Reglementierung* des Verhaltens
Umfassendes *personenbezogenes Förderungsklima*	*Leistungsbezogenes Konkurrenzverhältnis*
Unbedingte Akzeptierung des Kindes	*Leistungsabhängige* Bewertung des Kindes

Dieser erste Austritt aus dem mehr oder weniger natürlichen sozialen Verbund der Familie in die künstliche, hochreglementierte Lernumwelt der Schule wird durch verschiedene Umstände erleichtert. Kinder wollen lernen, sie erleben das neu erworbene Wissen als Steigerung ihrer Persönlichkeit und sie lernen entwicklungsbedingt in diesem Alter besonders leicht. Der Begriff „Schulreife" bezeichnet dabei eine *institutionsbedingte* und keineswegs eine entwicklungsbedingte Schwelle, die Kinder bei normaler Entwicklung mit sechs oder sieben Jahren erreichen. Er ist definiert durch die Anforderungen, die unsere Kultur mehr oder weniger willkürlich, aber einigermaßen bewährt, festgelegt hat für die Teilnahme an dieser Einrichtung. Diese könnte im Prinzip ebenso gut ansetzen, wenn die Kinder achtjährig oder vierjährig sind. Dieser Sachverhalt wird gut veranschaulicht durch den Vergleich der gesetzlichen Regelung in verschiedenen europäischen Ländern, wie ihn Rüdiger, Kormann & Peez (1976) angestellt haben:

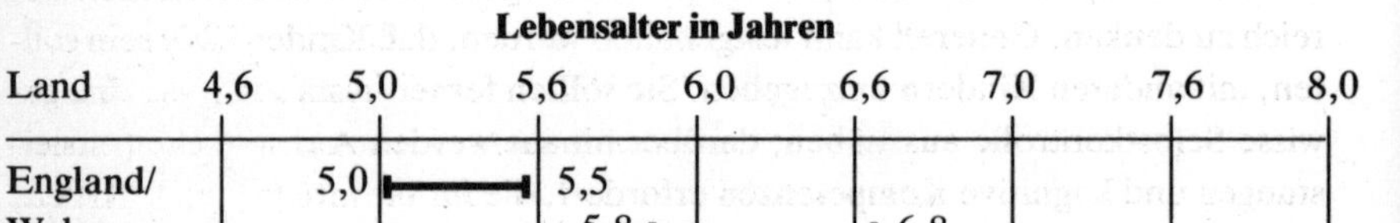

Mindest- und Höchstalter zu Beginn der Schulpflicht in acht europäischen Ländern. (Rüdiger et al. 1976, S. 44)

Die Abklärung der Schulreife oder Schulfähigkeit eines Kindes bedeutet demgemäß die diagnostische Klärung, ob ein Kind die Merkmale bereits besitzt, die für einen bestimmten Schulbetrieb erforderlich sind. Dies ist vor allem dann wichtig, wenn das Schulsystem keinen fließenden Übergang vom Leben in der Familie in das Leben einer Vorschule und schließlich in den bei uns üblichen Schulbetrieb vorgesehen hat.

Zur Bewältigung des schulischen Alltags, wie er bei uns ritualisiert ist, sind bestimmte soziale, intellektuelle, motivationale und emotionale sowie körperliche Voraussetzungen erforderlich. Zu den *sozialen Voraussetzungen* gehören besonders die Fähigkeiten, sich von den Eltern für mehrere Stunden pro Tag trennen zu können, sich zu trauen, Fragen zu stellen und Wünsche zu äußern, sich durchzusetzen und in einer Gruppe einordnen zu können, Anweisungen befolgen zu können. Zu den erforderten *intellektuellen* Fähigkeiten gehören optische und akustische Wahrnehmungsfertigkeiten, aber auch ein gewisses sprachliches Vermögen. Die *motivationalen* und *emotionalen* Voraussetzungen beziehen sich auf das Lerninteresse, auf Ausdauer, Fähigkeit zu einer gewissen Selbststeuerung und ähnliches. Als *körperliche* Voraussetzung ist unter anderem an die Gesundheit des Kindes, an eine gewisse Kompetenz im grob- und feinmotorischen Bereich zu denken. Generell kann festgehalten werden, daß Kinder fähig sein sollten, mit anderen Kindern umzugehen. Sie sollten ferner imstande sein, eine gewisse Selbstkontrolle auszuüben; darüber hinaus werden Aufmerksamkeitsleistungen und kognitive Kompetenzen erfordert, die für die intellektuelle Arbeit, wie sie in unseren Schulen vorgesehen ist, notwendig sind. Diese Faktoren werden durch die spezielle Schul- und Familiensituation aber wieder relativiert. Kommt das Kind in eine kleine Klasse? Ist die Lehrerin oder der Lehrer als besonders fähiger Pädagoge bekannt? Verfügt das Kind über ein förderliches Familienklima? Auch solche Fragen müssen bei der Entscheidung, ob ein Kind schulreif ist, berücksichtigt werden. Solche Relativierungen gelten selbst ein Stück weit bei der Frage der körperliche Reife. Die physischen Anforderungen sind z. B. unter anderem von der Länge und dem Schwierigkeitsgrad des Schulweges abhängig.

Die Schulfähigkeit wird also durch Merkmale der Schule, die Charakteristika der familiären und ökologischen Umwelt des Kindes und durch Eigenschaften des Kindes bestimmt.

Ein *zu früher Schuleintritt* kann für das Kind weitreichende Folgen haben. Der Anfang der Schulkarriere bahnt beim Kind das Vertrauen in seine geistige und soziale Leistungsfähigkeit an. Kinder, die dann schon ins Hintertreffen geraten, verlieren dieses Vertrauen in die eigene intellektuelle Leistungsfähigkeit. An seine Stelle tritt die Furcht vor Mißerfolg. Die Freude am Lernen wird diesen Kindern in kurzer Zeit abgewöhnt. Die Folgen sind oft nach Jahren noch erkennbar – besonders, wenn eine Klasse wiederholt werden muß. Das ist für ein Kind das schlimmste Mißerfolgserlebnis in der ganzen Schulkarriere, wie eine neue Untersuchung (Dändliker, 1983) gezeigt hat: Kinder, die eine Klasse wiederholen müssen, sind noch Jahre später weniger motiviert, etwas zu leisten, als andere, die zwar ebenfalls leistungsschwach sind, aber immer noch mit „durchrutschen".

Die Bewältigung der neuen Anforderungen und der neuen Umwelt können Eltern den Kindern erleichtern, indem sie sie systematisch darauf vorbereiten. Wenn ältere Geschwister vorhanden sind, so leisten diese normalerweise einen hervorragenden Beitrag dazu. Bei Einzelkindern oder Kindern mit jüngeren Geschwistern können Spiele, der Besuch des Schulhauses und ähnliches an die Stelle des „lebenden Beispiels" treten. Auch wenn die meisten Kinder diese Hürde ohne nennenswerte Probleme meistern, so brauchen doch empfindsame Kinder im ersten Schuljahr die besondere Unterstützung der Eltern.

Vorschlag:

1. Wenn Sie ein Kind in der Einschulungsphase haben, versuchen Sie, sich in seine Haut zu versetzen, um ermessen zu können, was alles an neuen Forderungen und Belastungen auf das Kind zukommt.
2. Überlegen Sie, wie Sie das Kind schon vor der Einschulung auf die verschiedenen Anforderungen vorbereiten können.

Schulalter: Der Einfluß der Eltern auf die Leistungsmotivation

Das Stichwort Leistungsmotivation ist in den letzten fünfzehn Jahren auch in der Psychologie des deutschen Sprachraumes immer wichtiger geworden. Das ist nicht verwunderlich in einer Gesellschaft, in der die Chancen zu einem Teil nach Tüchtigkeit und Leistungsfähigkeit verteilt werden, statt nach Abstammungskriterien oder auch anderen Privilegien.

Unter Leistung versteht man psychologisch die Anzahl richtig gelöster Aufgaben in einer Zeiteinheit. Und unter dem Leistungsmotiv wird die Bereitschaft eines Menschen verstanden, durch eigene Tüchtigkeit Aufgaben zu lösen. Das ist unabhängig von der Intelligenz, obwohl natürlich die Ergebnisse von Leistungen durch Intelligenz mitbedingt werden.

Am Aufbau der Leistungsmotivation sind viele Faktoren beteiligt. Hier soll nur einer, nämlich die elterliche Bekräftigung, genauer untersucht werden.

Zur Beschreibung der Leistungsmotivation

Die Leistungsmotivation kann nicht nur unterschiedlich stark sein, sondern auch in verschiedene Richtungen gehen:

Positive Richtung: Sie beschreibt das Ausmaß, in dem eine Person Leistung erbringen will. Ist diese Richtung stark ausgeprägt, dann führt das zu einer Erwartungshaltung, die man als Hoffnung auf Erfolg (Heckhausen, 1963, 1966) charakterisieren könnte. Das sind die Erfolgsmotivierten.

– andere Aktivitäten verfügen über eine höhere Attraktivität

Negative Richtung: Sie betrifft das Ausmaß, in dem eine Person Leistungsverhalten vermeidet. Das drückt sich in der Furcht vor Mißerfolg aus.

Die meisten Eltern müssen erleben, daß ihr Kind für eine gewisse Zeit keine Lust am Lernen hat oder daß es an bestimmten Fächern keine Freude hat oder auch bei bestimmten Lehrern nicht gerne den Unterricht besucht. Meist hängt das mit Mißerfolgserlebnissen zusammen, die es in diesem Bereich gehabt hat. Es kann aber auch sein, daß es andere Dinge gibt, die das Kind zur Zeit mehr beschäftigen. In der Pubertät werden Freundschaft oder Sexualität wichtiger als die Schule.

Erfolgsmotivierte neigen, wie in Abschnitt VI bereits beschrieben, dazu, ihre Erfolge der eigenen Fähigkeit und Mißerfolge mangelnder Anstrengung zuzuschreiben; während Mißerfolgsmotivierte dazu neigen, Erfolge auf Zufall und Mißerfolge auf eigenen Begabungsmangel zurückzuführen.

Die Rolle der elterlichen Bekräftigung beim Aufbau der Leistungsmotivation

Im folgenden soll ein Faktor genauer dargestellt werden, der am Aufbau der Leistungsmotivation wesentlich beteiligt ist: die erzieherische Bekräftigung.

Wir haben bereits erwähnt, daß das Leistungsmotiv als *Bereitschaft* zu Leistungsverhalten beschrieben wird. Darunter versteht man die Wahrscheinlichkeit, mit der eine Person auf bestimmte Situationen mit einer bestimmten Verhaltensweise antwortet. Als stark leistungsmotiviert bezeichnet man zum Beispiel jemanden, der mit großer Wahrscheinlichkeit versuchen wird, Aufgaben zu lösen, vor die er gestellt wird.

Wie werden solche Verhaltensdispositionen aufgebaut?

Wie schon erwähnt, sind daran sicher viele Faktoren beteiligt. Ein wichtiger Faktor ist, allgemein ausgedrückt, die Erfahrung, die eine Person gemacht hat, wenn sie in bestimmten Situationen mit einem bestimmten Verhalten reagiert hat. Die Konsequenzen, die sich daraus ergeben haben, verstärken oder schwächen die Neigung, noch einmal so zu reagieren (vgl. Abschnitt IV).

Was kann daraus abgeleitet werden für die Erziehung im allgemeinen und für den Aufbau der Leistungsmotivation im besonderen?

Aus der oben kurz zusammengefaßten Theorie kann man ableiten, daß Kinder, die von ihren Eltern mit Lob, Anerkennung, Ermutigung, also mit positiver Bekräftigung erzogen werden, ein vielfältigeres Verhaltensrepertoire aufbauen, weil mehr Verhaltensweisen verstärkt werden. Sie werden mutiger und probieren mehr aus. Demgegenüber sind Kinder, die von ihren Eltern hauptsächlich bestraft werden, ängstlicher. Ihr Verhaltensrepertoire ist eingeschränkter. Bei ihnen herrscht die Tendenz vor, unangenehme Aufgaben zu meiden. Sie sind durch das sogenannte „Bravheitssyndrom" zu charakterisieren. Es gibt mittlerweile zahlreiche empirische Untersuchungen, durch die diese Annahmen im großen und ganzen unterstützt werden. (Vgl. Abschnitt VII)

Der Einfluß der elterlichen Bekräftigung auf den Aufbau der Leistungsmotivation am Beispiel der Hausaufgaben

Aufgrund dieser Theorie können wir erwarten, daß Kinder, die von ihren Eltern für Leistung häufig positiv bekräftigt werden, grundsätzlich stärker motiviert sind, etwas zu leisten, als Kinder, die kaum bekräftigt werden oder hauptsächlich für schlechte Leistungen bestraft werden. Bei jenen überwiegt die Hoffnung auf Erfolg, sie sind – wie man sagt – erfolgsmotiviert. Kinder, die häufig im Zusammenhang mit Leistungen bestraft werden, häufig Mißerfolg haben, werden dagegen in ihrer Furcht vor dem Mißerfolg gestärkt. Dabei können u. a. die Aufgaben zu schwer sein und/oder die Eltern den Mißerfolg bestrafen. Die Kinder werden mißerfolgsmotiviert.

Eine vorzügliche Gelegenheit für Eltern, Leistungen ihrer Kinder zu bekräftigen, sind die Hausaufgaben. Eine Untersuchung von Wittmann (1970) hat ergeben, daß über siebzig Prozent der Volksschüler bei den Hausaufgaben mehr oder weniger regelmäßig die Hilfe ihrer Eltern in Anspruch nehmen können. Auch vom Zeitaufwand her, die Hausaufgaben beanspruchen, müssen wir davon ausgehen, daß sie im Bereich der Lernerfahrung unserer Kinder eine wichtige Rolle spielen. Eigler & Krumm (1972) befragten 771 Elternpaare von Gymnasiasten des fünften bis achten Schuljahres nach der zeitlichen Belastung ihrer Kinder und fanden (ebd., 46):

Stunden / Klassenstufe	**(täglich für Hausaufgaben benötigte Zeit)** bis 1,5 Std.	2 Std.	2 Std. und mehr
5	38%	30%	32%
6	44%	27%	29%
7	27%	25%	48%
8	32%	25%	44%

Die schwarze, fette Linie bezeichnet das in der BRD gültige, gesetzliche Höchstmaß, das beträchtlich – bei mehr als fünfzig Prozent der Befragten – überschritten wird, wie die Darstellung zeigt.

Wir dürfen annehmen, daß die Qualität der elterlichen Hilfe die Leistungsmotivation des Schülers mitbeeinflußt. Duss, Kramis & Perrez (1984) haben die Bedeutung der elterlichen Bekräftigung des Hausaufgabenmachens für die Leistungsmotivation untersucht. Es wurde ein Fragebogen entwickelt, der die elterlichen positiven und negativen Bekräftigungstendenzen beim Hausaufgabenmachen aus der Sicht der Kinder mißt. Befragt wurden 240 zehn- bis zwölfjährige Jungen. Dabei stellte sich heraus, daß es einen hohen Zusammenhang zwischen der mütterlichen Bekräftigungstendenz und der Erfolgsmotivation gibt. Das heißt, je mehr sich die zehnjährigen Jungen von ihren Müttern unterstützt fühlen, umso stärker sind sie motiviert, etwas zu leisten. Der Zusammenhang ist bei den Vätern nicht nachweisbar. Das ist allerdings nicht erstaunlich, da sie sich weit weniger mit den Hausaufgaben ihrer Kinder befassen.

Zusammenfassung

1. *Leistungsmotivation ist eine Verhaltensbereitschaft, die bei verschiedenen Kindern in unterschiedlichem Ausmaß in Richtung Mißerfolgs- und Erfolgsmotivation ausgeprägt ist. Sie trägt zur Erklärung der Leistungsdifferenzen (neben Faktoren wie z. B. Begabung) zwischen den Kindern bei.*
2. *Erfolgs- wie Mißerfolgsmotivation sind erlernbar, d. h. erfahrungsabhängig.*
3. *Ein wichtiger Faktor (neben anderen) beim Lernen von Erfolgs- und Mißerfolgsmotivation ist die elterliche Bekräftigungspraxis.*
4. *Viel Bestrafung disponiert zur Mißerfolgsmotivation, viel positive Bekräftigung für erwünschtes Leistungsverhalten zur Erfolgsmotivation. Die positive Bekräftigung muß leistungs- und altersangemessen sein.*
5. *Andere wichtige Faktoren, die die Leistungsmotivation beeinflussen, sind der direkte Handlungserfolg. Die Freude, eine Aufgabe richtig gelöst zu haben und über Handlungskompetenz zu verfügen, bewirkt eine Art Selbstverstärkung, unabhängig von Eltern und Lehrern.*
6. *Auch hier tragen Vorbilder zum Erwerb der Leistungsmotivation positiv oder negativ bei wie in anderen Verhaltensbereichen.*

Vorschlag:

– Überlegen Sie, wie Sie sich Ihren Kindern gegenüber verhalten, wenn sie schulische oder andere Leistungen erbringen. Neigen Sie dazu, Lei-

stungen für selbstverständlich zu erachten? Erhalten die Kinder genügend Aufmerksamkeit für Leistungen?
- Wie verhalten Sie sich bei Ihren Kindern beim Hausaufgabenmachen? Besonders während der Volksschulzeit? In späteren Jahren, am Gymnasium, legen Jugendliche Wert darauf, ihre Hausaufgaben selbst zu bewältigen und nicht der Bewertung der Eltern auszusetzen.

Die Pubertät: Eine Herausforderung für die Familie

Die Pubertät ist für den Jugendlichen und für seine Familie eine Übergangszeit, die mit zahlreichen Problemen einhergeht. Der Jugendliche beginnt verstärkt, die Bindung an das Elternhaus zu lösen. Die Gruppe der Gleichaltrigen mit ihren eigenen Normen wird wichtig. Die körperliche Reifung vollzieht sich beschleunigt, es treten Veränderungen im Aussehen und in den sexuellen Bedürfnissen auf, mit denen der Jugendliche fertig werden muß. Im Rahmen der Schul- und Berufsausbildung stehen Entscheidungen an, die das ganze spätere Leben beeinflussen.

Der amerikanische Entwicklungspsychologe Erik Erikson hat für die gesamte Lebensspanne die wesentlichen Krisen beschrieben, die in jeder Entwicklungsphase auftreten und nach deren erfolgreicher Bewältigung eine gesunde Entwicklung in die nächste Lebensphase stattfinden kann. Beim Jugendlichen (als grober Anhaltspunkt: ab etwa dem dreizehnten Lebensjahr) besteht die Krise im Konflikt zwischen Identität und Identitätsdiffusion. Unter Identitätsdiffusion versteht man, daß eine Person nicht weiß, wer sie eigentlich ist, und je nach Situation zwischen verschiedenen Identitäten schwankt. Sie verhält sich nicht nur unterschiedlich, sondern nimmt sich auch je nach Situation als eine andere Person wahr. Mit Identität ist gemeint, daß man sich selbst als Person einheitlich und beständig erlebt. Wer Identität besitzt, betrachtet sich selbst als unterscheidbar von anderen und weiß auch, daß andere ihn als eine eigenständige Persönlichkeit ansehen. Es hat sich gewissermaßen in Überschneidung aller Rollen, die jemand zu spielen hat, ein gemeinsamer Kern herausgebildet. Der Jugendliche Frank K. ist z. B. Schüler in der Realschule, Kind seiner Eltern, Torwart in der Fußballmannschaft, Mitglied in einer kirchlichen Jugendorganisation, großer Bruder seiner Schwester, der erste Freund von Susanne G. In allen diesen Rollen werden unterschiedliche Erwartungen an ihn gestellt, z. B. daß er leistungsmotiviert, kameradschaftlich, zärtlich, beschützend, wohlerzogen, draufgängerisch sein soll. Diese verschiedenen Erwartungen können zu Identitätsdiffusion führen. Frank K. könnte sich fragen – wer bin ich überhaupt, welches Verhalten stellt mich selbst dar?

Der Leser wird vielleicht an dieser Stelle feststellen, daß er selbst sich diese Frage von Zeit zu Zeit auch immer wieder stellt. Und tatsächlich kann man wahrscheinlich während des ganzen Lebens nur von einem Mehr oder Weniger an Identität sprechen.

Faktoren, die die Identitätsfindung erleichtern und erschweren

Der Identitätskrise des Jugendlichen sind vier Phasen mit ihren charakteristischen Krisen vorausgegangen, nämlich:

1. Im Säuglingsalter die Bewältigung von *Urmißtrauen* gegenüber *Urvertrauen*. Hier wird eine grundlegende Sicherheit in sozialen Beziehungen hergestellt und zwar dadurch, daß das Kind erfährt, daß es sich absolut sicher auf die Zuwendung, den Schutz und die Geborgenheit der Mutter oder einer entsprechenden Bezugsperson verlassen kann (vgl. Abschnitt IX: Säuglinge).
2. Im Kleinkindalter lernt das Kind, seine Schließmuskeln und andere körperliche Funktionen nach eigenem Willen zu beherrschen und gewinnt damit ein Gefühl von *Autonomie*. Eine zu strenge Sauberkeitserziehung und Kontrolle des Kindes kann zu *Scham und Zweifel* führen. Das Kind wehrt sich dann und entwickelt Haß auf seine Umgebung (vgl. Abschnitt IX: Trotzalter).
3. Das Spielalter ist gekennzeichnet durch zunehmende Selbständigkeit des Kindes. Es kann jetzt sprechen und erreicht immer mehr motorische Geschicklichkeit, es spielt mit Gegenständen und entwickelt eigene *Initiative*. Bei häufigen Mißerfolgen oder Kritik durch die Eltern entwickelt sich als negativer Ausgang dieser Entwicklungsphase *Schuldgefühl*.
4. Das Schulalter, welches dem Jugendalter unmittelbar vorausgeht, ist vor allem gekennzeichnet durch die Leistungsthematik (vgl. Abschnitt IX: Schulalter). Der positive Ausgang dieser Phase äußert sich im „Werksinn", d. h. dem Bewußtsein, eine Arbeit erfolgreich abschließen zu können und damit sein Selbstwertgefühl zu erhalten. Bei Über- oder Unterforderung kann als negativer Ausgang *Minderwertigkeitsgefühl* resultieren.

Die Leistungsthematik setzt sich im Jugendalter fort. Hat sich im Schulalter ein Werksinn entwickelt, so ist es wahrscheinlich, daß das Zutrauen zur eigenen Leistung weiter anhält – trotz widriger Umstände, denen Jugendliche in neuerer Zeit ausgesetzt sind. Die Leistungsbereitschaft wird immer wieder in Frage gestellt, wenn es darum geht, im Konkurrenzkampf gegen Gleichaltrige zu bestehen, wenn es um gute Noten in der Schule geht, die wiederum Voraussetzung für den Erhalt eines Studien- oder Ausbildungsplatzes sind. Mit der Berufswahl bzw. der Chance, die Ausbildung zu erhalten, die man sich wünscht, hängt die Identitätsfindung natürlich eng zusammen.

Entwicklungspsychologen und Pädagogen sind sich darin einig, daß die Identitätsfindung erleichtert wird, wenn sich das Jugendalter über einen längeren Zeitraum erstreckt, d. h. wenn dem Jugendlichen die Chance gegeben wird, in Ruhe gedanklich oder auch in der Realität verschiedene Möglichkeiten durchzuspielen. Dabei muß er einerseits einen gewissen Handlungsfreiraum haben, sich aber andererseits auch auf die Rückendeckung seines Elternhauses verlassen können. Für Gymnasiasten und Studenten sind diese Möglichkeiten eher gegeben als für Jugendliche, die bereits mit vierzehn oder fünfzehn Jahren mit einer Berufstätigkeit beginnen.

Wichtig ist, daß das Bedürfnis nach Ausdehnung des Handlungsspielraumes berücksichtigt wird. Der Jugendliche hält sich nicht mehr primär in Elternhaus und Schule auf; Treffpunkte, an denen man Gleichaltrige findet, werden zunehmend wichtiger. Gleichzeitig werden die Normen, die in der Gleichaltrigengruppe herrschen, immer wichtiger. Für Eltern ist es oft unverständlich und schmerzlich zu erleben, daß sie erheblich von denen der Erwachsenenkultur abweichen. Für viele Eltern wäre das sicher leichter zu ertragen, wenn sie sich klarmachen könnten, daß diese (vorübergehenden) auffälligen verbalen Ausdrucksweisen, Kleidungs- und Frisurenstile, Musikvorlieben, usw. nicht nur Ausdruck des Protests gegen die Erwachsenenkultur sind, sondern vor allem ein Suchen nach der eigenen Identität.

Als Gegenstück zum Freiraum „nach außen" (dem ungestörten Zusammensein mit Gleichaltrigen) wird außerdem ein vergrößerter Freiraum „nach innen" notwendig. Spätestens jetzt braucht der Jugendliche ein eigenes Zimmer, in das er sich ungestört von Geschwistern und Eltern zurückziehen kann. Briefe und Tagebücher sollten für die anderen Familienmitglieder absolut tabu sein, und das Bedürfnis nach Alleinsein im eigenen Zimmer und im Badezimmer sollte respektiert werden. Man kann sich leicht vorstellen, daß ein Jugendlicher, der sein Zimmer nicht mit Geschwistern teilen und sich mit ihnen nicht ständig auseinandersetzen muß, viel mehr Chancen hat, sich selbst zu „finden".

Die Phase der Identitätsfindung ist der Phase des jungen Erwachsenenalters vorgeschaltet, in der das Hauptthema die Fähigkeit zur *Intimität* in einer Partnerschaft im Gegensatz zur *Isolierung* ist. Echte Intimität ist nur möglich, wenn beide Partner eine sichere Identität erworben haben. Aber die Auseinandersetzung mit dem anderen Geschlecht beginnt natürlich schon früher. Die beschleunigte körperliche Reifung hat nicht nur zur Folge, daß man sich mit dem veränderten Aussehen auseinandersetzen muß, sondern begleitend treten auch Bedürfnisse nach sexueller Betätigung auf. Es dürfte inzwischen zum wissenschaftlichen Allgemeingut gehören, daß Masturbation (= Selbstbefriedigung) nicht nur weit verbreitet, sondern auch absolut unschädlich ist. Sexualwissenschaftler haben festgestellt, daß seit den sechziger Jahren die relative Anzahl weiblicher und männlicher Jugendlicher mit Masturbationserfahrung erheblich zugenommen hat. Eine andere Frage ist die, ob die Tatsache, daß ein Junge oder Mädchen masturbiert, von den Eltern überhaupt wahrgenommen wird und wenn ja, wie sie bewertet wird. Eltern, die Schwierigkeiten haben, die Tatsache zu akzeptieren, daß ihr Kind masturbiert, sollten sich folgende Argumente vor Augen halten: Der Jugendliche erlebt einen starken Bedürfnisstau, den er abbauen muß. Weil er keinen Sexualpartner hat, befriedigt er sich selbst. Teilweise könnte das durch andere Tätigkeiten ersetzt werden, z. B. durch Sport. Wir glauben aber nicht, daß Masturbation vollständig durch andere Tätigkeiten ersetzt werden sollte. Durch Selbstbefriedigung lernt der Jugendliche nämlich seinen eigenen Körper und seine Reaktionen kennen, und das kommt ihm später zugute, wenn er einen Partner gefunden hat. Sexualität muß, wie alles im Leben, erlernt werden. Wesentliche Bestandteile dieses Lernprozesses sind die Erfahrungen mit Zärtlichkeit und gegenseitiger Rücksichtnahme im Elternhaus, das Kennenlernen des eigenen Körpers, möglichst vollständige Informationen über den männlichen und weiblichen Körper und schließlich das offene Gespräch über sexuelle Belange mit dem Partner.

Manche Jugendliche erleben Zeiten, in denen sie exzessiv und fast zwanghaft masturbieren. Selbst da ist die Selbstbefriedigung für sich nicht schädlich, sondern die mit dem Verhalten zusammen auftretenden Ängste und Zwangsgedanken. In den seltenen Fällen, wo dieses Phänomen längere Zeit andauert, ist eine psychotherapeutische Behandlung angezeigt.

Ein weiteres Phänomen, über das sich Eltern häufig Sorgen machen, ist, daß Jungen gelegentlich gemeinsam masturbieren oder auch gegenseitig ihre Geschlechtsteile berühren. Dieses Verhalten ist normal in der Übergangsphase zum Erwachsenwerden, es bedeutet in den seltensten Fällen die Vorstufe zu einer homosexuellen Entwicklung. Ebensowenig ist das Für-Einander-Schwärmen oder Küssen von jungen Mädchen untereinander als der Beginn einer lesbischen Entwicklung zu sehen.

Vorschlag:

Überlegen Sie sich, wie Ihre Einstellung zur Sexualität ist und wie Sie zu dieser Einstellung gekommen sind. Welche Hilfen haben Sie in Ihrem Elternhaus erhalten? Weswegen hatten/haben Sie Schuldgefühle im Zusammenhang mit Ihrer Sexualität? Was hätten Sie sich als Jugendlicher anders gewünscht, z. B. an Information, Verständnis, Akzeptierung, In-

Ruhe-Gelassen-Werden? Ist Sexualität bei Ihnen persönlich eher verbunden mit: Leistung? Pflichterfüllung? Genießen? Gewohnheit? Triebabfuhr? Wie sieht Ihre Idealvorstellung aus?

Sexualerziehung

Anhand der vorgenannten Fragen ist Ihnen schon deutlich geworden, daß bei der Sexualerziehung Ihrer Kinder Ihre eigenen Einstellungen Ihnen vielleicht mehr im Weg stehen, als in den meisten anderen Bereichen. Wenn Ihr Kind anfängt, sich für Jungen bzw. Mädchen ernsthaft zu interessieren und erste Rendezvous hat, werden Sie vielleicht in Panik geraten und Ängste entwickeln (z. B. daß die beiden schon miteinander schlafen), die möglicherweise gar nicht berechtigt sind. Wir denken etwa an die Mutter einer fünfzehnjährigen Tochter, die sich für sehr modern hält. Die Tochter hat seit mehreren Wochen einen Freund, mit dem sie sich öfter trifft und auch in ihrem Zimmer allein sein kann. Die Mutter schlägt der Tochter eines Tages vor, gemeinsam zum Frauenarzt zu gehen, damit dieser ihr die Pille verschreiben kann. Die Tochter ist empört, weist diesen Vorschlag weit von sich und weigert sich, weiterhin mit der Mutter über die Beziehung zu ihrem Freund zu sprechen. Sie ist zutiefst verletzt, daß die Mutter ihr sowas zugetraut hat.

Andererseits sind auch die Fälle nicht eben selten, wo Eltern völlig überraschend mit einer Schwangerschaft ihres Teenagers konfrontiert werden. Tatsache ist, daß dreißig Prozent der Jungen und zwanzig Prozent der Mädchen ihren ersten Koitus vor ihrem siebzehnten Geburtstag haben. Seit den sechziger Jahren haben die Gymnasiasten stark „aufgeholt“, bei ihnen sind dieselben Häufigkeiten zu finden wie bei den anderen Jugendlichen.

Die Sexualerziehung beginnt schon im Kindesalter und sollte im wesentlichen abgeschlossen sein, wenn der Jugendliche beginnt, heterosexuelle Kontakte zu haben. Als Anregung nennen wir Ihnen sechs Ziele der Sexualerziehung, wie sie schon im Jahre 1952 formuliert worden sind. Sie können sich einmal selbst überprüfen, welche dieser Ziele in Ihrer Erziehung erreicht worden sind.

Ziele für die Sexualerziehung

1. *Sexualerziehung soll den Kindern helfen zu verstehen, daß jede Entwicklungsphase und die Veränderung in ihr gut sind und einen Zweck haben. Kinder sollten ihren Körper und seine Funktionen akzeptieren, und sie sollten in die Lage versetzt werden, darüber frei und ohne Scham zu sprechen.*

2. *Sexualerziehung sollte den Kindern ein volles Verständnis des Fortpflanzungsprozesses vermitteln.*
3. *Sexualerziehung sollte die Kinder darauf vorbereiten, welche Veränderungen und Entwicklungen während ihrer Reifung stattfinden.*
4. *Sexualerziehung sollte jungen Leuten vermitteln, daß Sexualität auf der Basis der Achtung vor dem Wohlergehen des Partners stattfinden sollte.*
5. *Sexualerziehung sollte das Kind dazu bringen, daß es stolz auf sein eigenes Geschlecht sein kann und gleichzeitig die Eigenschaften des anderen Geschlechts schätzen kann.*
6. *Sexualerziehung sollte die Einstellung erzeugen, daß Sexualität ein positiver, kreativer und wünschenswerter Teil des Lebens ist.*

Eine wesentliche Voraussetzung für das Erreichen dieser Ziele ist, daß das Kind gelernt hat, Zärtlichkeit und Rücksicht zu zeigen. Die Sexualerziehung kann nicht abgehoben von der übrigen Erziehung betrachtet werden. Sexuelles Verhalten ist sozialbezogen und genußbezogen, es kann vorbereitet werden durch den Umgang mit anderen sozialbezogenen und genußbezogenen Tätigkeiten. Soziale Fertigkeiten wie Freundlichkeit, Achtung, Wärme, Kommunikation, Durchsetzung, Toleranz oder Rücksichtnahme werden erlernt in der Eltern-Kind- und Geschwisterbeziehung, in Freundschaften mit Gleichaltrigen und in der Schule. Genußbezogene Fertigkeiten wie Vorfreude, Bedürfnisaufschub, Freude, Ekstase, Bewertung von Erlebnissen werden erlernt beim Essen und Trinken, Zärtlichkeitsaustausch in der Familie, beim Sport, im Urlaub, in der Musik, beim Ausüben eines Hobbies oder durch Beobachtung anderer Genießer.

Wesentliche Erziehungsprinzipien im Jugendalter scheinen uns zu sein:

1. *Halten Sie sich für Gespräche und Hilfestellungen offen, aber drängen Sie sich nicht auf.*
2. *Geben Sie dem Jugendlichen das Gefühl, daß er Ihnen wichtig ist und von Ihnen gemocht wird. Sie brauchen nicht alle seine Ansichten zu teilen, aber Sie sollten sie tolerieren.*
3. *Geben Sie dem Jugendlichen die Chance, seine Freundinnen und Freunde mit ins Haus zu bringen. Zeigen Sie Interesse für die jungen Leute. Viele Jugendliche wissen es sehr zu schätzen, wenn sie in den Wohnungen ihrer Freunde willkommen sind und von den Erwachsenen ernst genommen werden.*
4. *Bedenken Sie, daß Jugendliche sehr hellhörig sind für falsche und unechte Töne. Das heißt, verhalten Sie sich und reden Sie so, wie es Ihnen entspricht, zeigen Sie Ihre Gefühle. Schlucken Sie nicht zu viel herunter, sondern sprechen Sie Konfliktbereiche rechtzeitig an und versuchen Sie, sie im Gespräch zu klären.*

Zusammenfassung

Die theoretische Einführung sollte den Leser mit den wichtigsten Lerngesetzen und zwei bedeutsamen Dimensionen vertraut machen, die beim Erziehungsprozeß wirksam sind. Er soll dadurch in die Lage versetzt werden, sein spontanes erzieherisches Handeln zu reflektieren und unter seine Kontrolle zu bringen und langfristig seine Erziehungsziele besser zu erreichen. Ebenso sollten einige entwicklungsspezifische Probleme herausgegriffen werden.

Erfolgreiche Erziehung ist dann leichter, wenn dabei psychologische Gesetzmäßigkeiten berücksichtigt und ausgenützt werden, genauso wie ein Flugzeug nur dann fliegen kann, wenn bei seinem Bau aerodynamische und physikalische Gesetze berücksichtigt worden sind.

Wieweit ein Kind erzogen werden kann, hängt in den meisten Fällen viel weniger von ihm selbst ab als von der Intelligenz, der Phantasie und der Verhaltensdisziplin seiner Erzieher.

Die theoretische Einführung appelliert an das „Lernen durch Einsicht". Der „Übungsteil" des Buches ermöglicht die weiteren Lernprozesse, die für die Verhaltensänderung des Erziehers erforderlich sind.

Auf ein besonderes Problem muß zum Schluß dieser theoretischen Einführung noch eingegangen werden. Der Leser dieses Buches hat zwar bestimmt neue Einsichten durch die Lektüre gewonnen. Er hat jedoch vorher schon eine bestimmte Einstellung zur Erziehung gehabt, die seine Handlungen geleitet hat und durch seinen Bekanntenkreis, durch erworbene gefühlsmäßige Verhaltensregulationen (das „Gewissen"), durch Leitbilder und anderes ständig verstärkt wurde.

Dieses Verstärkungssystem, in dem der Leser lebt, besteht auch nach der Lektüre dieses Buches, so daß er weiterhin für seine alten Einstellungen verstärkt wird und die neuen Einstellungen („Einsichten") unverstärkt bleiben. Man müßte also annehmen, daß der Leser in kurzer Zeit wieder zu den alten Einstellungen zurückkehren wird! Da stellt sich die Frage: Wie kann der Leser seine neuen Einstellungen verstärken? Eine bedeutsame Verstärkungsquelle wird am Anfang seines neuen Erzieherverhaltens nicht sprudeln: der unmittelbare erzieherische Erfolg, die unmittelbare Verhaltensänderung des Kindes, da bekannt ist, daß sich am Anfang das unerwünschte Verhalten sogar noch steigert, wenn man es nicht mehr verstärkt. Erst wenn die neuen Bedingungen (z. B. Entzug der Verstärker für ein unerwünschtes Verhalten) konsequent durchgehalten werden, verändert sich das Problemverhalten. Der Leser sollte überlegen, wie er selbst sein eigenes angemessenes Verhalten als Erzieher verstärken kann. Lektüre, Kontakt mit anderen pädagogisch informierten Eltern oder Erziehern sind ein gutes Hilfsmittel.

Und wenn der Erzieher lange genug durchhält, dann eröffnet sich ihm auch die wohl befriedigendste Quelle der Verstärkung für sein erzieherisches Verhalten: die kleinen Erfolge, die im Verhalten der Kinder sichtbar werden!

LITERATUR

ARBEIT, S.: A study of women, during their first pregnancy. Unpublished doctoral dissertation, Yale University, Yale, 1975.

BELL, S. M. & AINSWORTH, M.D.S.: Infant crying and maternal responsiveness. In: Child Development, 1972, 43, 1171–1190.

BUEHLER, CH.: Kindheit und Jugend. Genese des Bewußtsein. Leipzig: S. Hirzel, 1928.

DAENDLIKER, A.: Die Auswirkung der Klassenwiederholung auf die Leistungsmotivation und die soziale Integration des Repetenten in der Schulklasse. Lizentiatsarbeit, Universität Fribourg, Pädagogisches Institut, Fribourg, 1984.

DUSS, B., KRAMIS, J. & PERREZ, M.: Leistungsmotivation von Schülern und elterliches Bekräftigungsverhalten beim Hausaufgabenmachen. In: Psychologie in Erziehung und Unterricht, 1984, 31, 256–262.

EIGLER, G. & KRUMM, V.: Zur Problematik der Hausaufgaben. Weinheim/Basel: Beltz, 1972.

GINOTT, H.: Eltern und Teenager, München: Droemer Knaur, 1969.

GORDON, Th.: Familienkonferenz. Hamburg: Hoffmann & Campe, 1972.

GROSSMANN, K.E. & GROSSMANN, K.: Die Entwicklung von Konversationsstilen im ersten Lebensjahr und ihr Zusammenhang mit der mütterlichen Feinfühligkeit und der Beziehungsqualität zwischen Mutter und Kind. Referat am 34. Kongress der Deutschen Gesellschaft für Psychologie, Wien, 24. 9. 1984.

GOODENOUGH, F. L.: Anger in young children. University of Minnesota Institute of Child Welfare Monographs, 1931, 9.

HAGMANN, TH.: Fernsehen im Leben der Kinder. In: KOBI-HAFFTER, E. E., MATT-MUELLER-FRICK, F., MEYER-PROBST, R. & MEYER-PROBST, H.-P. (Hrsg.): Schriftenreihe Erziehung und Unterricht, Heft 13, Bern: Paul Haupt Verlag, 1972, 40.

HECKHAUSEN, H.: Hoffnung und Furcht in der Leistungsmotivation. Meisenheim/Glan: Hain, 1963.

HECKHAUSEN, H.: Einflüsse der Erziehung auf die Motivationsgenese. In: HERRMANN, Th. (Hrsg.): Psychologie der Erziehungsstile. Göttingen: Hogrefe, 1966, 131–169.

KEMMLER, L.: Untersuchungen über den frühkindlichen Trotz. In: Psychologische Forschung, 1957, 25, 279–338.

LEWIN, K., LIPPITT, R. & WHITE, R. K.: Patterns of aggressive behavior in experimentally created „social climates". In: Journal of Social Psychology, 1939, 10, 271–295.

LUKESCH, H.: Elterliche Erziehungsstile. Psychologische und soziologische Bedingungen. Stuttgart: Kohlhammer, 1976.

NIGGLI, A., PERREZ, M. & KRAMIS, J.: Selbständigkeit und Unselbständigkeit als Einflußgrößen mütterlichen Erziehungsverhaltens. In: Schweizerische Zeitschrift für Psychologie und ihre Anwendungen, 1982, 41, 276–286.

OSOFSKY, S. D. & O'CONNEL, E. J.: Parent-child interaction: Daughters' effects upon mothers' and fathers' behaviors. In: Developmental Psychology, 1972, 7, 157–168.

PAPOUSEK, H. & PAPOUSEK, M.: Mothering and the cognitive head-start: Psychological considerations. In: SCHAFFNER, H. R. (Ed.): Studies in mother-infant-interaction. London/New York/San Francisco: Academic Press, 1977.

PEREZ, B.: La psychologie de l'enfant. Paris: Librairie Germer Baillière et Cie., 1882^2.

REINECKER, H. (Hrsg.): Bestrafung. Experimente und Theorien. Salzburg: Otto Müller, 1980.

RUEDIGER, D., KORMANN, A. & PEEZ, H.: Schuleintritt und Schulfähigkeit. Zur Theorie und Praxis der Einschulung. München: Ernst Reinhardt Verlag, 1976.

SCHNEEWIND, K. A.: Familiäre Aspekte der Selbstverantwortlichkeit. In: MIELKE, R. (Hrsg.): Interne-externe Kontrolle. Bern: Hans Huber, 1982.

SCHNEEWIND, K.A., BECKMANN, M. & ENGFER, A.: Eltern und Kinder. Stuttgart: Kohlhammer, 1983.

SCHNEEWIND, K. A. & HERRMANN, Th. (Hrsg.): Erziehungsstilforschung. Bern: Hans Huber, 1980.

SELG, H. (Hrsg.): Zur Aggression verdammt? Stuttgart: Kohlhammer, 1982 (6. Aufl.).

SELIGMAN, M.: Erlernte Hilflosigkeit. München: Urban & Schwarzenberg, 1983.

STAPF, K.H., HERRMANN, TH., STAPF, A. & STAECKER, K.H.: Psychologie des elterlichen Erziehungsstils. Komponenten der Bekräftigung in der Erziehung. Bern: Hans Huber / Stuttgart: Ernst Klett, 1972.

STURM, H. & BROWN, J.R. (Hrsg.): Wie Kinder mit dem Fernsehen umgehen. Nutzen und Wirkung eines Mediums. Stuttgart: Klett-Cotta, 1979.

TAUSCH, R.: Das Ausmaß der Lenkung von Schulkindern im Unterricht, eine empirische Untersuchung der Fragen, Befehle und Aufforderungen von Lehrern. In: Psychologische Beiträge, 1960, 4, 127–145.

TAUSCH, R. & TAUSCH, A.: Erziehungspsychologie. Göttingen: Hogrefe, 1970, 1979[7].

WEINER, B.: Theorien der Motivation. Stuttgart: Klett, 1976.

WEISS, R.: Über die Zuverlässigkeit der Zifferbenotung bei Aufsätzen. In: Schule und Psychologie, 1965, 12, 257–269.

WITTMANN, B.: Vom Sinn und Unsinn der Hausaufgaben. Neuwied/Berlin: Luchterhand, 1970.

Übungsteil

1. Übung: Zu den Alltagstheorien

Das Ziel dieser Übung besteht darin, Ihnen zu helfen, sich über wesentliche Aspekte Ihrer bisherigen erziehungspsychologischen Theorien und instrumentellen Überzeugungen klarer zu werden. Von welchen Annahmen über die Entwicklung der Kinder, über die Wirkung bestimmter Erziehungsmaßnahmen, usw. haben Sie sich bisher leiten lassen?

Überlegen Sie als erstes, wie Sie die folgenden problematischen Kindverhaltensweisen erklären würden; beziehungsweise, was Sie als Erklärungsmöglichkeiten in Betracht ziehen würden.

1. Ein fünfjähriger Knabe hat die Tendenz, andere Kinder häufig zu schlagen, ihnen Spielzeug wegzunehmen, Spielzeug zu zerstören und gehorcht seinen Eltern schlecht.
2. Ein achtjähriges Mädchen verhält sich häufig scheu, ist eher zurückgezogen, zeigt Angst in neuen Situationen, besonders vor fremden Menschen. Es ist oft mutlos und traut sich nichts zu.
3. Ein achtjähriger Schüler zeigt wenig Lernlust, läßt sich durch vielerlei Umstände vom Unterricht ablenken, kann nicht längere Zeit beim Lernen daheim verbringen. Zeigt auch Tendenzen, den Klassenkasper zu spielen.
4. Ein neunjähriger Schüler verhält sich sehr unselbständig. Für sehr viele Aktivitäten braucht er Anleitungen, Anregungen, usw.

Was könnten die Gründe für diese Störungen sein?

Schreiben Sie *wahrscheinliche* Ursachen für jede einzelne Störung unten auf.

Problem 1

Mögliche Ursachen	Art der Erklärung: Durch Charaktermerkmale? Situationen? Innere Reize?

Problem 2

Mögliche Ursachen	Art der Erklärung: Durch Charaktermerkmale? Situationen? Innere Reize?

Problem 3

Mögliche Ursachen	Art der Erklärung: Durch Charaktermerkmale? Situationen? Innere Reize?

Problem 4

Mögliche Ursachen	Art der Erklärung: Durch Charaktermerkmale? Situationen? Innere Reize?

2. Übung: Zu den Alltagstheorien

Nun versuchen Sie als erstes, mehrere für Sie wichtige erfreuliche oder problematische *Verhaltensweisen Ihrer Kinder* möglichst anschaulich und konkret zu beschreiben.

Anschließend schreiben Sie die wichtigsten Faktoren auf, die nach Ihrer persönlichen Ansicht dieses Verhalten erklären, die am Zustandekommen dieses Verhaltens wesentlich beteiligt sind.

Im dritten Schritt versuchen Sie nun wieder wie oben, Ihre Erklärungen zu charakterisieren gemäß Theorieteil *Abschnitt 3.*

3. Übung: Zu den Alltagstheorien

Welches sind Ihre wichtigsten pädagogischen Überzeugungen, pädagogischen Prinzipien, mit deren Hilfe Sie glauben, erfolgreich erziehen zu können?

Überlegen Sie, was Sie von den folgenden Erziehungsprinzipien persönlich halten:

	Meine Meinung darüber
1. Strafe: a) Körperstrafe b) andere Arten der Strafe: Schimpfen usw.	
2. Lob: Lob Anerkennung materielle Belohnung via Bonbons, Spielsachen	
3. Strafandrohung	

4. Versprechen von Belohnungen

5. Gutes Zureden, erklären der Umstände

6. Ignorieren von unartigem Verhalten

7. Warten, das Problem wird sich von selbst lösen

8. . . .

9. . . .

Vielleicht fallen Ihnen noch andere pädagogische Maßnahmen ein, die hier nicht angeführt wurden und für Sie wichtig sind. Ergänzen Sie die Liste.

Versuchen Sie, die oben angeführten und ergänzten Prinzipien in ihrer Bedeutung, die sie für Sie haben, in eine Rangordnung zu bringen. Also, welches ist nach Ihrer Einschätzung das für Sie wichtigste Erziehungsprinzip bis zum am wenigsten wichtigen.

– Inwiefern haben Sie die für Sie wichtigen Prinzipien bisher im pädagogischen Handeln beeinflußt?

4. Übung: Zu den Alltagstheorien

Überlegen Sie sich ganz genau, *welche Methoden,* welche erzieherischen Prinzipien, Sie für die Lösung konkreter Erziehungsprobleme in der *jüngsten Vergangenheit* angewendet haben:

Problembeschreibung	Angewendete Erziehungsmethoden

5. Übung: Zu den Alltagstheorien

Welche erzieherischen Mittel halten Sie für die geeignetsten, um bei Ihren Kindern *Selbständigkeit* und *Selbstverantwortung* zu fördern?

6. Übung: Zu den Alltagstheorien

Diskutieren Sie mit Ihrem Mann oder im Elternkurs in der Gruppe, wie weit Sie glauben, daß Ihr bisheriges Erziehungsverhalten geleitet war durch Ihre pädagogischen Überzeugungen, d. h. Ihre eigenen Theorien.

7. Übung: Zur Verhaltensbeschreibung

Überlegen Sie, welche konkreten Verhaltensweisen Sie dem allgemeinen Begriff *Konzentration* zuordnen können. Wie können Sie im konkreten Fall *Konzentriertheit* oder *Unkonzentriertheit* so beschreiben, daß Sie klare, beobachtbare Verhaltenseinheiten erhalten? Sie sollen also den Begriff *Konzentration* durch präzise *Verhaltensbeschreibungen* ersetzen, um vergleichbare, deutliche Beobachtungsresultate zu erzielen.

Beispiel:
Das Trödeln eines Kindes könnte durch Verhaltensbeschreibungen bestimmt werden, indem man die Zeitdauer für Anziehen, Waschen, Essen, Schulweg, usw. jeweils bestimmt.

Konzentration:

Welche Vorschläge würden Sie machen, folgendes Verhalten so zu beschreiben, daß es genau beobachtbar wird.
Eine Mutter klagt darüber, daß ihre neunjährige Tochter sehr *sensibel* sei . . .

Zur Lösung siehe dazu S. 175.

Wie würden Sie *Selbständigkeit* konkretisieren unter Berücksichtigung des Entwicklungsstandes Ihres Kindes?

Überlegen Sie, wie Sie Ihr *eigenes Erziehungsverhalten* präziser beschreiben können. Machen Sie konkrete Vorschläge, die so geartet sind, daß sie für Ihre Kinder klar beobachtbar, wahrnehmbar sind.

Wie zeigt sich *Geduld?*

Wie zeigt sich *Wertschätzung* für Ihr Kind?

Wie zeigt sich *unkonsequentes Erziehungsverhalten?*

Wie zeigt sich *Strenge?*

Wie zeigt sich die *Ablehnung des Kindes?*

8. Übung: Zur Verhaltensbeobachtung

Zählen Sie eine Woche lang ein einfaches unerwünschtes Verhalten eines Ihrer Kinder aus (z. B. Schuhe nicht abstreifen beim Betreten des Hauses oder Mantel nicht aufhängen, usw.), indem Sie in diese Liste immer dann, wenn das Kind dieses Verhalten zeigt, einen Strich machen. Das zu beobachtende Verhalten sollte *leicht* beobachtbar sein, und es sollte nur *eine* bestimmte Verhaltensweise beobachtet werden. Unter Umständen kann es wichtig sein, das *erwünschte* Verhalten genauer zu beschreiben und zu beobachten.

Beschreibung des **unerwünschten** Verhaltens:

____

____

____

Strichliste	*Gesamtzahl der Striche des Tages*
1. Tag:	
2. Tag:	
3. Tag:	
4. Tag:	
5. Tag:	
6. Tag:	
7. Tag:	
Gesamtzahl der 7 Tage:	

Besonders günstig, um die Veränderung der Häufigkeit (zur Kontrolle der geplanten Beeinflussung) in einem Blick zu übersehen, ist eine graphische Darstellung.

Übertragen Sie deshalb die Tageshäufigkeiten auf die vorgegebene graphische Darstellung.

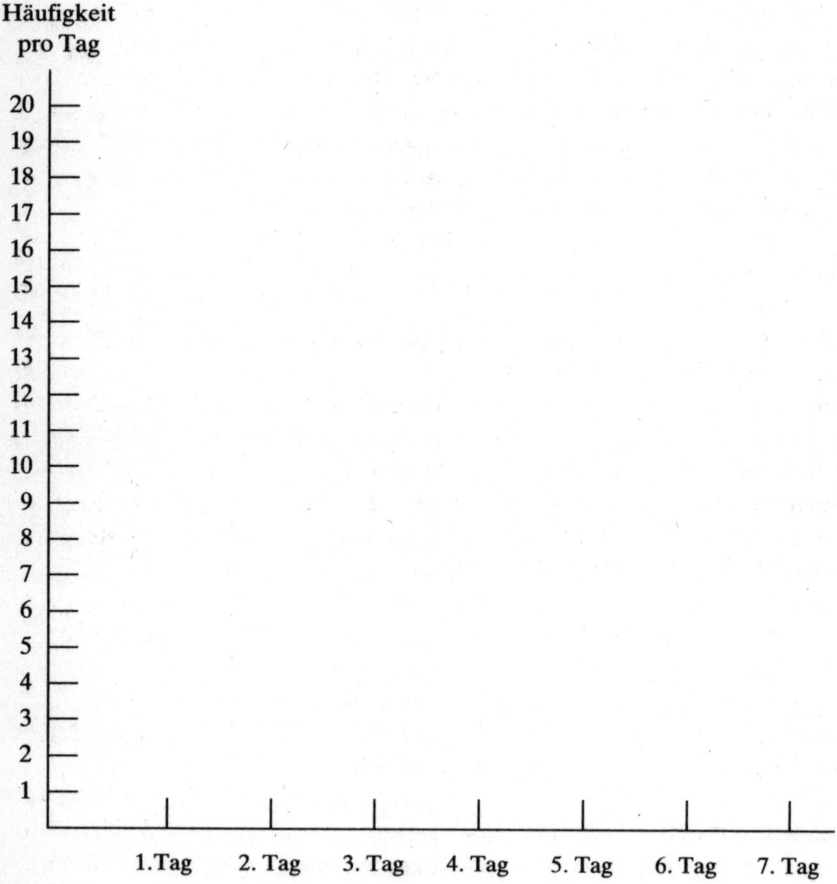

9. Übung: Beobachten Sie sich selbst

Beobachten Sie zwei Tage lang,

wie viele Befehle Sie erteilen.

Als Hilfsmittel verwenden Sie vielleicht einen Zettel, den Sie mit sich tragen und auf dem Sie bei jedem Befehl einen Strich machen.

10. Übung: Positive Verstärkung

Nach genauer Durchführung der 8. Übung (also sieben Tage nach deren Beginn) überlegen Sie, wie Sie Ihr Kind jedesmal *sofort* belohnen können, wenn es das entgegengesetzte – das erwünschte – Verhalten (z. B. Schuhe abstreifen oder Mantel aufhängen) äußert. Sie sollen das erwünschte Verhalten *positiv verstärken,* entweder durch Lob oder einen materiellen Verstärker. Bedenken Sie, daß Sie einen Verstärker auswählen, der einen hohen Anreizwert für das Kind besitzt.

Ab dem achten Tag seit Beginn der Verhaltensbeobachtung bemühen Sie sich also, das erwünschte Verhalten *konsequent* unmittelbar nach seinem Auftreten positiv zu verstärken. In der folgenden Liste halten Sie die Häufigkeit der Verstärkungen fest.

Beschreibung des Verstärkers:

Strichliste	*Gesamtzahl der Verstärkungen pro Tag*
8. Tag:	
9. Tag:	

10. Tag:	
11. Tag:	
12. Tag:	
13. Tag:	
14. Tag:	
15. Tag:	
16. Tag:	
17. Tag:	
18. Tag:	

Seit meine Eltern in diesem Kurs waren, sagen sie zu dem Kuchen „Verstärker" . . .

11. Übung: Positive Verstärkung und Verhaltensbeobachtung

Ab dem 19. Tag achten Sie weiter darauf, daß Sie das erwünschte Verhalten *oft* verstärken. Sie zählen nun zusätzlich wieder wie in der ersten Woche die Anzahl der *unerwünschten Verhaltensweisen* dieser Verhaltenskategorie, die Sie am Anfang festgelegt hatten (z. B Schuhe nicht abstreifen oder Mantel nicht aufhängen, usw.).

Strichliste	*Gesamtzahl der Striche des Tages*
19. Tag:	
20. Tag:	
21. Tag:	
22. Tag:	
23. Tag:	
24. Tag:	
25. Tag	
Gesamtzahl der 7 Tage:	

Sie können auf diese Weise nun feststellen, ob und wie stark sich das unerwünschte Verhalten vermindert hat durch Ihr Verstärkungsprogramm.

Sie könnten bei dieser Übung auch statt der unerwünschten Verhaltensweisen am Anfang und ab dem 19. Tag die Häufigkeit der *erwünschten* auszählen.

12. Übung: Verbesserung des erzieherischen Verhaltens durch positive Selbstverstärkung

Wenn es Ihnen schwerfällt, Ihr Kind für erwünschtes Verhalten zu loben, zu ermutigen, wenn es Ansätze in die richtige Richtung zeigt, dann empfehlen wir Ihnen, den Versuch zu machen, Ihr eigenes Bekräftigungsverhalten bei sich selbst zu verstärken. Sie können sich vornehmen, bestimmte Verhaltensweisen Ihres Kindes häufiger zu beachten und zu loben. Und jedesmal, wenn Ihnen das gelungen ist, loben Sie sich selbst. Sie können sich z. B. sagen: „Das habe ich gut gemacht." Sie können sich selber auch materiell oder durch Handlungsprivilegien belohnen, wenn Ihnen ein neues, angemesseneres Bekräftigungsverhalten nach vielen Bemühungen endlich während einer von Ihnen selbst festgelegten Zeit gelungen ist.

Sie werden Ihren positiven Einfluß auf die Entwicklung des Kindes ja nur dann geltend machen können, wenn es Ihnen gelingt, Ihr eigenes Verhalten dort, wo es notwendig ist, zu verändern, zu kontrollieren.

Übung:

– Versuchen Sie sich systematisch in Ihrem Bekräftigungsverhalten Ihren Kindern gegenüber zu beobachten. Anregungen dazu geben Ihnen die Beobachtungsübungen 8 und 9.

Achtung, Verstärker sind wirksam!

13. Übung: Zum Beobachtungslernen – Wieweit sind Sie ein angemessenes Modell?

Schätzen Sie sich in den untenstehenden Verhaltensbereitschaften ein:

Erziehungsziele	*sehr schlechtes Modell*	*schlecht*	*mittel*	*gut*	*sehr gutes Modell*
I. Soziales Verhalten					
Respekt vor der Würde des anderen					
Verzicht auf Gewalt					
Kooperation					
Hilfsbereitschaft					
Einhaltung von Grenzen					
II. Emotionales Verhalten					
Selbstdisziplin					
Ausdruck von Gefühlen, Offenheit					
Ruhe, Gelassenheit					
Risikofreudigkeit					
geringe Ängstlichkeit					
Unkompliziertheit im Sexuellen und Erotischen					
Interessiertheit an Problemen anderer					
III. Intellektuelles Verhalten					
Selbstkritik					
Offenheit für neue Erfahrungen					
Sachlichkeit					

Erziehungsziele	sehr schlechtes Modell	schlecht	mittel	gut	sehr gutes Modell
IV. Diverses					
Angemessenes Freizeitverhalten					
Zufriedenes Arbeitsverhalten					

Diese Übung wurde uns freundlicherweise von Herrn Dr. Fritz Fischaleck zur Verfügung gestellt.

14. Übung: Bedingungen eines unerwünschten Verhaltens

Zur Voraussetzung folgende Informationen:

Gottfried ist sechs Jahre alt und hat folgende störende Verhaltensmuster entwickelt:

1. Er verhält sich seinen Spielgefährten gegenüber sehr aggressiv und setzt seinen Willen ihnen gegenüber gerne durch Schläge und Raufereien durch.
2. Wenn ihm etwas nicht paßt, so schmeißt er sich oft auf den Boden und brüllt mit voller Lautstärke durch die Wohnung. Dieses Verhalten zeigt er noch öfter in der Öffentlichkeit als daheim. Nur in Anwesenheit des Vaters kommen diese Szenen höchst selten vor.

Aus der Analyse des Elternverhaltens:

Der Vater pflegt seine Anweisungen und Befehle normalerweise mit Ohrfeigen bei Gottfried durchzusetzen, falls dieser nicht sofort gehorcht. Auch seine ältere Schwester wird auf ähnliche Weise erzogen. Die zehnjährige Erika hat zudem zufällig einen Lehrer in der Schule, den sie recht verehrt, obwohl er sehr streng mit den Kindern ist und noch aus der Lehrergeneration stammt, bei der die Ohrfeige zum alltäglichen erzieherischen Repertoire gehört. Die Kinder akzeptieren das auch irgendwie, weil er gleichzeitig gerecht, streng und unterstützend ist. Seit Erika bei diesem Lehrer Unterricht hat, passiert es gelegentlich, daß sie nach Hause kommt und Gottfried ganz selbstverständlich mit Ohrfeigen traktiert, wenn sie das Gefühl hat, er gehorche ihr zuwenig.

Die Schrei- und Wutanfälle werden in der Öffentlichkeit meistens dadurch beendigt, daß die Mutter Gottfried etwas verspricht, wenn er damit sofort aufhöre, weil ihr die Unart vor den anderen Leuten peinlich ist. Daheim beugt sich die Mutter über das schreiende Kind, versucht Gottfried zur Vernunft zu bringen, und gelegentlich gibt die Mutter nach.

Der Vater hatte solche Szenen mit strengen Körperstrafen honoriert, als Gottfried mit vier bis fünf Jahren mit den Schreianfällen begonnen hatte. Er verabreichte ihm eine ordentliche Tracht Prügel und sperrte ihn auch einmal anschließend in das Schlafzimmer ein.

1. Übungsschritt:
Überlegen Sie sich, welche der vorher besprochenen Lernprinzipien wahrscheinlich wesentliche Bedingungen sein könnten

1. für sein aggressives Verhalten
2. für die Wut- und Schreianfälle
3. dafür, daß er in Anwesenheit des Vaters diese Szenen äußerst selten produziert.

1. Bedingungen (vermutliche) für das aggressive Verhalten von Gottfried:

2. Bedingungen (vermutliche) für die Wut- und Schreianfälle:

3. Bedingungen dafür, daß er in Anwesenheit des Vaters diese Szenen unterläßt:

2. Übungsschritt:

Überlegen Sie, wie die Mutter durch gezielte Anwendung von Lernprinzipien besser den Wutanfällen abhelfen könnte:

Zur Lösung siehe dazu S. 175f.

15. Übung: Zu den Erklärungstendenzen

1. Übungsschritt

Beobachten Sie sich selber, nach welchem Muster Sie Ursachen zuschreiben.

Bearbeiten Sie zunächst folgenden kleinen Fragebogen. Überlegen Sie bei jeder der Antwortalternativen a bis d, ob Sie Ihrem Denken entspricht (markieren Sie diese mit +) oder nicht (markieren Sie diese mit −).

FRAGEBOGEN ZUR URSACHENZUSCHREIBUNG

1. Sie sind auf eine große Gesellschaft eingeladen und merken, daß Sie mit den anderen Gästen leicht ins Gespräch kommen und viele Sie zu mögen scheinen.

   Sie denken sich:

   a) Ich bin eben ein netter, sympathischer Mensch. ☐
   b) Heute war ich auch besonders locker und gutgelaunt. ☐
   c) Bei so vielen Leuten findet man immer welche, die nett sind. ☐
   d) Das war reiner Zufall, hier nette Leute zu treffen. ☐

2. Sie haben an Ihrem Auto einen kleinen Mangel entdeckt und selbst behoben. Das Auto fährt wieder einwandfrei.

Sie denken sich:

a) Ich bin technisch begabt! ☐
b) Diesmal habe ich mich besonders angestrengt, den Fehler zu finden. ☐
c) Sowas ist doch wirklich einfach. ☐
d) Das war reine Glücksache. ☐

3. Sie sind mit einer Reisegesellschaft unterwegs und stellen fest, daß es Ihnen sehr schwer fällt, Kontakte zu knüpfen. Meistens ziehen Sie in der Freizeit alleine herum.

Sie denken sich:

a) Ich bin eben nicht so ein interessanter Typ. ☐
b) Ich müßte einfach selber mehr auf die Leute zugehen. ☐
c) Die anderen Leute hier sind mir sowieso zu dämlich. ☐
d) Es ist einfach Pech, daß niemand da ist, der nett ist. ☐

4. Sie haben sich neue Möbel gekauft, und als sie in der Wohnung stehen, stellen Sie fest, daß sie viel zu groß und wuchtig für Ihre kleinen Räume sind.

Sie denken sich:

a) Zum Einrichten einer Wohnung bin ich einfach ungeeignet. ☐
b) Hätte ich bloß vorher alles genauer ausgemessen! ☐
c) Für diese Wohnung gibt es einfach keine passenden Möbel. ☐
d) Der Verkäufer im Geschäft hat sich wohl geirrt und die falschen Möbel geschickt. ☐

Auswertung:

- Addieren Sie die + der a-Antworten, das ist die Summe der internal-stabilen Ursachenzuschreibungen (Begabung/Charakter):

  Summe ________________

- Die b-Antworten sind die internal variablen Ursachenzuschreibungen (Anstrengung),

  Summe ________________

- Die c-Antworten sind die external-stabilen Ursachenzuschreibungen (Schwierigkeit),

  Summe ________________

- Die d-Antworten sind die external variablen Ursachenzuschreibungen (Glück/ Pech).
  Summe ________________
- Welche Summe ist am größten? Das ist Ihre hauptsächliche Zuschreibungstendenz.
- Vergleichen Sie die Situationen 1 und 2 (Erfolgssituationen) mit den Situationen 3 und 4 (Mißerfolgssituationen). Gibt es Unterschiede?
- Vergleichen Sie die Situationen 1 und 3 (soziale Situationen) mit den Situationen 2 und 4 (technische Probleme). Gibt es Unterschiede? Frauen tendieren häufig dazu, Erfolg in technischen Situationen dem Glück zuzuschreiben (Antwort d bei Situation 2), Mißerfolg dagegen mangelnder Begabung (Antwort a bei Situation 4). Diese Haltung unterstützt die Überzeugung eigener Inkompetenz. Versuchen Sie, sich mit den Antworten 2a und b und 4c und d (vielleicht auch b) anzufreunden, bzw. mit der zugrundeliegenden Haltung.
- Bedenken Sie, daß Sie in der Art, wie Sie für sich selber die Ursachen zuschreiben, ein Modell für Ihre Kinder sind.

2. Übungsschritt:

Beobachten Sie sich selber und Ihren Ehepartner, wie Sie Leistungen, Erfolge und Mißerfolge Ihrer Kinder kommentieren. Welche Erklärungstendenzen vermitteln Sie dabei den Kindern?
Bearbeiten Sie zunächst den folgenden Fragebogen. Wenn Sie den betreffenden Kommenar geben würden, markieren Sie die Antort mit +, wenn nicht mit −.

FRAGEBOGEN ZUR URSACHENZUSCHREIBUNG BEI KINDERN

1. Sie sind an einen anderen Ort gezogen, und Ihr Kind hat schnell neue Freunde gefunden.

   Sie sagen:

   a) Du bist so nett und sympathisch – die anderen mögen Dich. ☐
   b) Du hast Dich besonders lieb um die anderen bemüht. ☐
   c) Die Kinder hier sind so nett – da ist es doch wirklich einfach. ☐
   d) Was für ein schöner Zufall, daß hier Kinder sind, mit denen Du gut auskommst. ☐

2. Ihr Kind hat zum zweiten Mal hinter einander eine 1 in Englisch geschrieben.

Sie sagen:

a) Für Englisch bist Du wirklich gut begabt. ☐
b) Ich freue mich, daß Du Dich so angestrengt hast. ☐
c) Euer Lehrer gibt ja leichte Arbeiten. ☐
d) Da hast Du ja unwahrscheinliches Glück gehabt. ☐

3. Ihre Tochter erzählt Ihnen, daß ihre beste Freundin sich mit einem anderen Mädchen aus der Klasse angefreundet hat und Ihre Tochter links liegen läßt.

Sie sagen:

a) Die andere ist wohl netter als Du. ☐
b) Vielleicht hast Du Dich in letzter Zeit nicht genug um sie gekümmert? ☐
c) Es ist schwer, eine Freundschaft lange aufrecht zu erhalten. ☐
d) Das ist bestimmt nur vorübergehend, sicher kommt sie zu Dir zurück. ☐

4. Bei einem Sportwettkampf hat Ihr Kind schlechter abgeschnitten, als es gehofft hatte.

Sie sagen:

a) Nicht jeder kann ein Super-Sportler sein. ☐
b) Wahrscheinlich warst Du heute nicht in Hochform. ☐
c) Deine Gegner waren einfach zu stark. ☐
d) Das war Pech, das kann jedem passieren. ☐

Auswertung:

- Zählen Sie wieder die + bei den a-Antworten (internal-stabile Ursachenzuschreibung), bei den b-Antworten (internal-variable Ursachenzuschreibung), bei den c-Antworten (external-stabile Ursachenzuschreibung) und bei den d-Antworten (external variable Ursachenzuschreibung).
- Welche Summe ist die größte? Welche Ursachenzuschreibungsrichtung legen Sie Ihren Kindern nahe?
- Können Sie Unterschiede zwischen Erfolgssituationen (1 und 2) und Mißerfolgssituationen (Situationen 3 und 4) feststellen?
- Wenn Sie Ihr Kind in Richtung auf gute Leistungen motivieren wollen und sein Selbstkonzept eigener Leistung stärken wollen, ist es günstig, bei Erfolgen a- und b-Kommentare, bei Mißerfolgen b–, c- oder d-Kommentare (möglichst verbunden mit einer Ermutigung) zu geben.

3. Übungsschritt

Schreiben Sie sich Erfolgs- und Mißerfolgssituationen auf, die sie selbst haben oder bei Ihren Familienmitgliedern (Ehepartner, Kinder) erlebt haben. Formulieren Sie zu jeder Situation je 4 Kommentare (genau wie bei den beiden Fragebögen, die Sie in Übungsschritt 1 und 2 kennengelernt haben).

a) = Internal stabile Ursachenzuschreibung, z. B. Begabung, Charakter, Attraktivität, Alter, allgemein: unbeeinflußbare Merkmale des Handelnden in der Situation (z.B. die Französischkenntnisse von Susanne F. bei der Bestellung des Frühstücks in einem Pariser Hotel).

b) = Internal variable Ursachenzuschreibung, z.B. Anstrengung, Tagesform, Launen, Bemühungen, Fehlhandlungen, allgemein: (leicht) beeinflußbare Merkmale des Handelnden in der Situation (z. B. die Sorgfalt, die ein Handwerker bei einer bestimmten Aufgabe walten läßt).

c) = External stabile Ursachenzuschreibung, z. B. Schwierigkeit einer Aufgabe, Begabung oder Charakter anderer Personen, allgemein: kalkulierbare und vom Handelnden nicht zu beeinflussende Faktoren (z. B. die Spielstärke des Gegners beim Tennisspiel).

d) External variable Ursachenzuschreibung, z. B. Zufall, Glück, Pech, Anstrengungen oder Fehlhandlungen anderer Personen, allgemein: nicht kalkulierbare und vom Handelnden nicht zu beeinflussende Faktoren (z. B. die 6 Richtigen im Lotto).

Machen Sie sich für jede Situation folgendes Schema:

Situation:

Daß dieser Erfolg/Mißerfolg eintrat, hatte folgende Ursache:

a)

b)

c)

d)

- Diskutieren Sie die Situationen und die Kommentare a–d mit Ihrem Partner und Ihren Kindern.

  Welche Kommentare werden als angenehm, welche als unangenehm erlebt? Welche Kommentare regen dazu an, sich weiter mit dem Problem zu beschäftigen? Welche stärken den Selbstwert, welche schwächen ihn?

16. Übung: Wertschätzung

Sie haben im Abschnitt 1 der „Theoretischen Einführung" die wesentlichen *Erziehungsdimensionen* kennengelernt: *Wertschätzung* und *Lenkung*.

Im folgenden werden wir versuchen, Ihnen diese Dimensionen so nahezubringen, daß Sie damit im konkreten Erziehungsalltag etwas anfangen können. Dabei soll so vorgegangen werden, daß mit den Dimensionen „Wertschätzung" und „Lenkung" getrennt geübt wird. Bitte denken Sie, wenn Sie mit den Skalen üben, nicht daran, ob die Äußerung in der speziellen Situation *richtig* ist, sondern nur daran, ob sie dem *geforderten Ausmaß* an Wertschätzung bzw. Lenkung *entspricht*. Dieses Vorgehen hat sich als gut erwiesen, weil Sie sich zunächst in das Verstehen und Abgrenzen der beiden Erziehungsdimensionen einüben sollen. Im Übungsschritt „Verhalten in Konfliktsituationen" soll dann geübt werden, welches Ausmaß an Wertschätzung und Lenkung jeweils angemessen ist.

Es hat sich als hilfreich erwiesen, für die einzelnen Merkmale *Skalen* zu konstruieren. Diese Skalen sind vergleichbar einem Thermometer. Mit einem Thermometer können Sie die Temperatur eines Gegenstandes *messen*. Entsprechend können Sie mit einer „Skala zur Beurteilung der Wertschätzung" messen oder einschätzen, welchem Ausmaß an „Wertschätzung" eine Erzieheräußerung entspricht. Genau wie Sie mit einem Thermometer die Temperatur jedes beliebigen Gegenstandes messen können, können Sie mit der Skala für jede beliebige partnerbezogene Äußerung das Ausmaß an „Wertschätzung" messen oder einschätzen. Unter „partnerbezogene Äußerung" verstehen wir eine Äußerung, die direkt jemanden anspricht, z. B. „Ich hab' dich gern" oder „Warum kommt ihr nicht?" Es muß also immer das persönliche Fürwort „du" oder „ihr" (manchmal auch „wir") vorkommen.

1. Übungsschritt: Kennenlernen der Skala

Unsere Skala zur Beurteilung der Wertschätzung hat vier Stufen. Stufe 1 entspricht sehr geringer Wertschätzung, Stufe 4 entspricht sehr viel Wertschätzung. Im folgenden finden Sie die Skala mit Beispielsäußerungen zu jeder Skalenstufe:

Skala zur „Beurteilung der Wertschätzung in Erziehungsäußerungen":

Stufe 1: Der Erzieher belehrt, ermahnt, beschimpft oder mißversteht das Kind. Seine Äußerung ist *ohne Wertschätzung* für das Kind und in keiner Weise partnerschaftlich. Er geht in keiner Weise auf die Gefühle, Empfindungen, Haltungen und Einstellungen des Kindes ein.

Stufe 2: Der Erzieher *bemüht* sich in seinen Äußerungen um Wertschätzung des Kindes und um Partnerschaft. Das heißt, der Erzieher *versucht,* auf die spezifischen situationsbezogenen Gefühle, gefühlsmäßigen Empfindungen, Haltungen und Einstellungen des Kindes einzugehen. Seine Äußerung enthält jedoch Belehrung, Ermahnung, Beschimpfung oder Mißverständnis.

Stufe 3: Dem Erzieher gelingt es, in seiner Äußerung dem Kind gegenüber *Wertschätzung und Partnerschaft zu verwirklichen.* Er geht auf die spezifischen situationsbezogenen Gefühle, gefühlsmäßigen Empfindungen, Haltungen und Einstellungen des Kindes ein.

Stufe 4: Dem Erzieher gelingt es (nahezu) vollständig, in seiner Äußerung dem Kind gegenüber *Wertschätzung und Partnerschaft* zu verwirklichen. Er geht auf die spezifischen situationsbezogenen Gefühle, gefühlsmäßigen Empfindungen, Haltungen und Einstellungen des Kindes ein. *Zusätzlich* bietet er *konkrete Lösungsmöglichkeiten und Hilfestellungen* an und stärkt das Gefühl der Gemeinschaft.

Beispiele:

Stufe 1: Nimm die Finger davon weg!
Das gehört sich nicht!
Aus dir wird sowieso nichts!
Geh schnell und wasch dir die Hände, du Schmierfink!

Stufe 2: Du hast es ja lieb gemeint, aber jetzt habe ich wieder die doppelte Arbeit.
Ich würde ja gern mitspielen, aber mit so einem Dreckspatzen geht das nicht.
Es ist ja schön, daß du dich für alles interessierst, aber das Radio laß – verdammt noch mal – in Ruhe.
Du fürchtest dich im Dunkeln? Dazu bist du doch zu groß.

Stufe 3: Ich kann mir vorstellen, daß du enttäuscht bist.
Mensch, das ist ja prima für dich!
Du hattest vielleicht Angst, die schlechte Zensur vorzuzeigen.
Da hast du richtig Wut gekriegt, nicht wahr?

Stufe 4: Du bist sehr wütend. Mir geht das auch oft so. Vielleicht überlegen wir uns das zusammen noch mal in Ruhe.
Auf diese Arbeit kannst du wirklich stolz sein, die paar Fehler kriegen wir auch noch raus.
Das ist auch eng hier am Tisch, aber du kannst es schnell aufwischen.
Du fürchtest dich etwas; wenn du willst, kann ich dich ruhig begleiten.

2. Übungsschritt: Einschätzungsübungen
Wenn Sie die Skala und die Beispiele durchgelesen haben, versuchen Sie nun die folgenden Sätze, die Eltern zu ihren Kindern gesagt haben, nach der Skala einzuschätzen. Dabei decken Sie bitte die rechte Hälfte der Seite mit einem Blatt Papier zu. Wenn Sie die erste Äußerung eingeschätzt haben, schieben Sie Ihr Abdeckblatt bitte bis zum Querstrich herunter. Sie können dann auf der rechten Seite neben der Äußerung nachlesen, wie Fachleute die Äußerung einschätzen. Wenn Sie nicht wissen, welche Skalenstufe Sie zuordnen sollen, schauen Sie noch einmal auf die Skala und die Beispiele. Verfahren Sie so weiter bis Äußerung 15.

Äußerung	*Einschätzung*	*Begründung*
1) Was fällt dir bloß ein?	1	Die Äußerung ist ohne Wertschätzung. Sie beinhaltet einen Vorwurf.
2) Möchtest du heute lieber draußen spielen?	3	Die Äußerung geht auf einen Wunsch des Kindes ein. Es fehlt noch die konkrete Hilfestellung.
3) Du bist ganz entäuscht davon. Wollen wir es noch mal zusammen versuchen?	4	Die Äußerung geht auf die Gefühle des Kindes ein *und* es wird eine Hilfestellung angeboten.
4) Auch wenn es Dir Spaß macht, kannst du nicht immer alles tun, was du willst.	2	Die Äußerung versucht, auf das Gefühl (Spaß) des Kindes einzugehen, sie enthält jedoch eine Ermahnung.
5) Großmutter wird sehr traurig sein, daß du das schöne Auto schon kaputt gemacht hast.	1	Die Äußerung geht nur auf die Gefühle einer dritten Person (der Großmutter) ein. Dadurch wird indirekt eine Ermahnung erteilt.

6) Hast du dich über das Auto gefreut oder magst du es nicht leiden?	3	Die Äußerung fragt nach den Gefühlen, die das Kind im Moment hat. Es ist weder Ermahnung noch Hilfestellung enthalten.
7) Ich bin jetzt sehr traurig, obwohl ich weiß, daß du die Lampe nicht mit Absicht zerschlagen hast.	3	Der Erzieher geht auf seine eigenen Gefühle (traurig) und auf die Einstellung des Kindes ein (nicht mit Absicht). Ermahnung und Hilfestellung fehlen.
8) Ihr findet das interessant, daß Mädchen und Jungen ganz anders gebaut sind.	3	Die Äußerung geht auf das augenblickliche Interesse der Kinder ein.
9) Du hast recht. Ich hätte Dich auch nicht gestört, wenn es nicht so eilig wäre.	3	In der Äußerung ist ein hohes Ausmaß an Partnerschaftlichkeit enthalten.
10) Du ruinierst unsere Wohnung mutwillig.	1	Die Äußerung enthält eine Mißbilligung des Kindes.
11) Das hast Du ganz nett gemacht, aber so geht es leider nicht.	2	Der Erzieher lobt das Kind, setzt die Leistung aber gleichzeitig herab.
12) Das ist ja toll geworden – mach so weiter!	4	Der Erzieher lobt das Kind, außerdem wird eine Ermunterung ausgesprochen.
13) Du schaffst es noch nicht ganz, dir das Geld einzuteilen. Wie wollen wir es jetzt mit dem Geld regeln?	4	Der Erzieher geht in freundlicher Weise auf eine Handlung des Kindes ein (du schaffst es noch nicht ganz), darüber hinaus gibt er einen Anreiz zur gemeinsamen Problemlösung.
14) Es ist ja ganz nett, wenn du mir helfen willst – aber wenn es so schlampig gemacht wird, nützt es mit gar nichts.	2	Der Erzieher bemüht sich, das Kind zu loben, er setzt die Leistung jedoch herab und bietet keinen Ansatz zur Hilfestellung.
15) Diesmal hast Du es noch nicht ganz geschafft. Was meinst du – wollen wir es noch ein bißchen üben?	4	Der Erzieher geht auf eine Handlung des Kindes ein und bietet eine Hilfestellung an.

3. Übungsschritt: Das Formulieren von Äußerungen auf verschiedenen Stufen der Skala „Wertschätzung“

Nun versuchen Sie bitte selber, Äußerungen nach den Stufen 1 bis 4 der Skala „Wertschätzung“ zu finden. Als Erleichterung werden Ihnen konkrete Erziehungssituationen vorgegeben, z. B.:

Auf dem Hof spielen etwa zwanzig Kinder Völkerball. Der zehnjährige Klaus steht daneben und schaut zu. Da kommt seine Mutter vom Einkaufen. Klaus sagt zu ihr: „Die da lassen mich nicht mitspielen.“ Seine Mutter sagt darauf:

Stufe 1: „Na, hör mal, du bist doch schließlich ein Junge, nun setz dich mal schön durch! Außerdem werden die anderen schon wissen, warum sie dich nicht mitspielen lassen.“

Stufe 2: „Schade für dich, du bist eben nicht sportlich genug.“

Stufe 3: „Dann komm mal mit, du kannst ja oben allein spielen.“

Stufe 4: „Es ist ärgerlich, wenn die anderen Völkerball spielen und man darf nicht mitspielen. Laß uns überlegen, wie du es ändern kannst.“

Versuchen Sie nun bitte, zu folgender Situation vier Eltern-Antworten zu finden, die den vier Skalenstufen entsprechen. (Weiter unten und auf der nächsten Seite finden Sie Äußerungen zum Vergleich.)

Situation 1: Ihr zehnjähriger Sohn kommt aus der Schule nach Hause und sagt: „Die Lehrer sind doch alle Affen.“ Sie äußern darauf:

Stufe 1:

Stufe 2:

Stufe 3:

Stufe 4:

Vergleichsäußerungen zu der eben geschilderten Situation:

Stufe 1: a) Solche Wörter sagt man nicht.
b) Ich glaube, du bist selbst ein Affe.
c) Pfui!
d) So was will ich nicht noch mal hören.

Stufe 2: a) Die Lehrer geben sich sehr viel Mühe, auch wenn man es als Kind nicht einsieht.
b) Wahrscheinlich liegt es an dir, daß du die Lehrer nicht magst.
c) Die Schule ist nun mal nötig, auch wenn es dir nicht paßt.
d) Kann ja sein, daß die Lehrer nicht gut sind, aber diese Worte will ich nicht wieder hören!

Stufe 3: a) Was gefällt dir denn an ihnen nicht?
b) Es ist wohl etwas Schlimmes vorgefallen in der Schule.
c) Im Moment macht dir die Schule keinen Spaß.
d) Du bist ganz sauer auf die Lehrer.

Stufe 4: a) Du hast gar keine Lust mehr, soll ich mal mit den Lehrern sprechen?
b) Als ich noch Kind war, hatte ich auch oft die Nase voll. Oft gibt es sich nach einiger Zeit, wenn man nicht mehr so wütend ist.
c) Wollen wir heute einen Ausflug machen? Dann kannst du die Schule mal vergessen.
d) Sicher ist vieles nicht richtig, was die Lehrer machen. Laß uns überlegen, was du dagegen unternehmen könntest.

Wenn Sie die Übungen bis hierher durchgearbeitet haben, haben Sie die Skala wahrscheinlich schon im Kopf und brauchen nicht mehr jedesmal eine Äußerung mit der Skala zu vergleichen. – Versuchen Sie im nächsten Schritt bitte, zu einer Situation wieder Erziehungsäußerungen zu finden. Bemühen Sie sich zu jeder Skalenstufe zwei Äußerungen zu formulieren und aufzuschreiben. Auf der nächsten Seite finden Sie Vergleichsäußerungen.

Situation 2: Ihre beiden Söhne (sechs und sieben Jahre alt) streiten sich um einen Fußball, den beide für sich allein haben wollen. Sie kommen dazu und sagen:

Stufe 1: a)

b)

Stufe 2: a)

b)

Stufe 3: a)

b)

Stufe 4: a)

b)

Vergleichsäußerungen zu der eben geschilderten Situation:

Stufe 1: a) Streitet euch doch nicht immer!
b) Gleich nehme ich euch den Ball weg!
c) Jetzt seid augenblicklich ruhig!
d) Wer hat den Ball zuerst gehabt? Der andere darf solange den Mülleimer wegbringen.

Stufe 2: a) Kinder, ihr wißt doch, bei Streitfällen gibt der Klügere nach.
b) Ihr wollt ihn beide haben – aber durch Streiten kann man sich nicht einigen.
c) Ihr würdet gern allein damit spielen, aber wenn ihr euch streitet, nehme ich ihn euch weg.
d) Ihr habt Schwierigkeiten, euch zu einigen, laßt zumindest das Streiten.

Stufe 3: a) Ja, das ist traurig, wir haben nur einen Ball.
b) Ihr seid wohl beide sehr wütend aufeinander.
c) Ihr könnt euch wohl nicht einig werden.
d) Nun habt ihr wieder einen Grund zum Streiten gefunden.

Stufe 4: a) Ihr wollt beide damit spielen. Wie wäre es, wenn ihr zusammen spielen würdet?
b) Das Streiten macht euch doch bestimmt keinen Spaß. Wollen wir zusammen Fußball spielen?
c) Ihr habt Schwierigkeiten, euch zu einigen, vielleicht könnten wir ein gemeinsames Spiel überlegen.
d) Jeder von euch möchte den Ball gern für sich haben; jetzt darauf verzichten, würde euch beiden schwerfallen.

Die Skala Wertschätzung müßten Sie jetzt so beherrschen, daß Sie alle partnerbezogenen Äußerungen danach einschätzen können. Zum Weiterüben haben Sie mehrere Möglichkeiten:

4. Übungsschritt: Das Finden von wertschätzenden Antworten in eigenen schwierigen Situationen

Notieren Sie einige Erziehungssituationen aus Ihrem eigenen Alltag, bei denen Sie unsicher sind, wie Sie sich verhalten sollen. Versuchen Sie dann zusammen mit Ihrem Ehepartner, mit anderen Eltern oder mit Ihren Kindern, Äußerungen nach Stufe 3 oder 4 zu finden. Dabei ist es günstig, wenn Sie sich immer bemühen, möglichst viele Äußerungen zu finden – dadurch vergrößern Sie Ihr Sprachvermögen, und Sie werden mehr vertraut damit, auf wertschätzende Art mit Ihren Kindern zu sprechen.

5. Übungsschritt: Das Finden von wertschätzenden Antworten in eigenen schwierigen Situationen – als Rollenspiel

Wenn Sie auf schriftlich niedergelegte Situationen spontan nach Skalen-Stufe 3 und 4 antworten können, versuchen Sie die Rollenspielsituation. Erinnern Sie sich an eine schwierige Erziehungssituation. Dann lassen Sie Ihren Ehepartner oder eine andere Person das Kind spielen. Sagen Sie etwas zu dem „Kind". Anschließend schätzen Sie gemeinsam Ihre Reaktion ein. Üben Sie zunächst, auf *eine* Äußerung des „Kindes" *eine* wertschätzende Antwort zu finden. Schätzen Sie die Äußerung nach der Skala ein. Wenn Sie mehrmals hintereinander mindestens Stufe 3 erreicht haben, versuchen Sie im Wechselgespräch, *zwei* Äußerungen zu formulieren.

Beispiel:

Kind: „Wir haben heute schrecklich viele Schularbeiten."
Erzieher: „Du magst dich gar nicht damit befassen" (Stufe 3).
Kind: „Ja, ich möchte viel lieber spielen."
Erzieher: „Ja – es geht mir auch oft so, daß ich zur Arbeit keine Lust habe. Laß uns doch mal sehen, wie du es dir einteilen könntest" (Stufe 4).

Wenn Sie es schaffen, zweimal hintereinander Stufe 3 oder 4 zu erreichen, üben Sie es mit drei Äußerungen und schreiten dann langsam fort bis zu einem Wechselgespräch von einigen Minuten. Falls Sie ein Tonbandgerät haben, ist es sehr günstig, die Rollenspiele auf Band aufzunehmen. Sie haben dann eine genaue Grundlage für die Einschätzung. Ein weiterer Vorteil liegt darin, daß Sie Ihren eigenen Lernfortschritt beobachten können, indem Sie verschiedene Rollenspiele miteinander vergleichen.

Wenn kein Tonbandgerät zur Hand ist, können Sie Ihre Äußerung auch nach dem Gedächtnis oder nach einem schriftlichen Protokoll einer dritten Person einschätzen.

6. Übungsschritt: Die Ernstsituation
Wenn Sie sich im schriftlichen Formulieren bzw. im Rollenspiel sicher fühlen, versuchen Sie, Ihren Kindern gegenüber so zu reagieren, wie Sie es gelernt haben. Natürlich werden Sie es nicht gleich schaffen, immer wertschätzend zu sein. Als Überbrückung versuchen Sie folgendes:

Nehmen Sie sich innerhalb eines Gespräches mit dem Kind vor, eine Äußerung von mindestens Stufe 3 zu machen. Wenn Sie das geschafft haben, nehmen Sie sich vor, zweimal hintereinander wertschätzend zu antworten. Gehen Sie dabei in kleinen Schritten vor, dann haben Sie häufiger Erfolg und den Mut, weiterzumachen.

17. Übung: Lenkung

Im folgenden werden Sie eine Skala zur *Dimension „Lenkung"* kennenlernen, nach der Sie das Ausmaß von Lenkung in verschiedenen Erzieheräußerungen einschätzen können. Anschließend können Sie verschiedene Übungen durchführen, in denen Sie selber Äußerungen zu den einzelnen Skalenstufen formulieren und überlegen, welches Ausmaß an Lenkung jeweils sinnvoll ist.

Das *Ausmaß an Lenkung* läßt sich folgendermaßen veranschaulichen: Man kann sich vorstellen, daß Lenkung eine *Einschränkung des Kindes* bedeutet. Je stärker ein Kind gelenkt wird, desto mehr wird es in seiner Entscheidungs- oder Handlungsfreiheit eingeschränkt. Man könnte auch sagen: Das Kind bewegt sich in seinen Handlungen und Entscheidungen in einem gewissen Rahmen, der ihm von seiner Umwelt gesteckt wird. Je weiter dieser Rahmen für das Kind ist, desto geringerer Lenkung ist es ausgesetzt. Die Lenkung, die ein Kind erfährt, kann sich darin äußern, was die Eltern sagen, und darin, was sie tun. Eine Mutter z. B., die ihr Kind beim Einkaufen die ganze Zeit fest an der Hand hält, lenkt ihr Kind ziemlich stark. In der folgenden Skala beschränken wir uns jedoch der Einfachheit halber wieder auf die *sprachlichen* Äußerungen.

1. Übungsschritt: Kennenlernen der Skala
Skala zur Beurteilung des Ausmaßes an „Lenkung" in Erzieheräußerungen:

Stufe 1: Der Erzieher äußert keinerlei Anweisung, er läßt das Kind gewähren, oder er trifft eine sachliche Feststellung.

Stufe 2: Der Erzieher bietet innerhalb eines bestimmten Rahmens Alternativen an, oder er ermuntert zu einer bestimmten Handlung, oder er regt etwas an, läßt dem Kind aber weitgehend Entscheidungsfreiheit; oder er äußert Mißfallen, ohne jedoch eine bestimmte Handlung vorzuschreiben; oder er erlaubt eine bestimmte Sache.

Stufe 3: Der Erzieher macht einen ganz bestimmten Vorschlag; oder er bittet um etwas; oder er zeigt bestimmte Konsequenzen auf, die aus einem Nichtbefolgen einer Anweisung entstehen.

Stufe 4: Der Erzieher befiehlt oder ordnet etwas an; dem Kind wird keinerlei Entscheidungsfreiheit gelassen. Häufig wird das sofortige Befolgen gefordert ohne Rücksicht auf die augenblickliche Interessenlage des Kindes; oder er spricht ein Verbot aus.

Beispiele:

Stufe 1: Entschuldige bitte, daß ich störe.
Ach, ihr seid gerade beim Spielen.
Hier hast du einen Fehler gemacht.
Laßt euch durch mich nicht stören.

Stufe 2: Hättest du Lust, ins Kino zu gehen?
Wollt ihr lieber malen oder basteln?
Toll geworden – mach weiter so.
So solltest du es nicht machen.

Stufe 3: Bitte gehe heute einkaufen.
Am besten machst du jetzt gleich die Schulaufgaben.
Wenn du nicht aufräumst, wird es heute abend wohl nichts mit dem Fernsehen.

Stufe 4: Los, mach schon!
Kämm dir die Haare!
Hör sofort damit auf!

2. Übungsschritt: Einschätzübungen

Schätzen Sie bitte die folgenden fünfzehn Erzieheräußerungen nach dem Ausmaß an Lenkung ein, das jeweils in den Äußerungen enthalten ist. Dabei gehen Sie wieder so vor, daß Sie die beiden rechten Spalten mit einem Blatt Papier zudecken. Schätzen Sie die erste Äußerung ein, und schieben Sie dann das Papier bis zum Querstrich nach unten. Auf der rechten Seite können Sie dann lesen, wie Experten die Äußerung eingeschätzt und die Einschätzung begründet haben. Verfahren Sie so weiter bis Äußerung 15.

Äußerung	*Ein-schätzung*	*Begründung*
1) Wollen wir heute zu Oma fahren?	2	Der Erzieher regt etwas an, dem Kind bleibt die Entscheidung überlassen.
2) Überlegt mal, wie ihr euch einigen könnt.	2	Der Erzieher regt etwas an. Den Kindern bleibt weitgehende Entscheidungsfreiheit.
3) Wie kann man so was bloß machen!	2	Es wird ein Mißfallen geäußert. Eine direkte Handlungsanweisung ist nicht enthalten.
4) Wasch dir bitte die Hände!	3	Der Erzieher bittet um etwas Bestimmtes.
5) Iß deinen Teller leer!	4	Der Satz ist eine Anordnung.
6) Laß uns für morgen verabreden, daß du um 8 Uhr zu Hause bist.	3	Der Erzieher macht einen bestimmten Vorschlag.
7) Entschuldige, du hast recht.	1	Hier ist keinerlei Anweisung enthalten, das Kind wird nicht eingeschränkt.
8) Wenn du weinst, kannst du das Sandmännchen morgen nicht sehen.	3	Es wird eine Konsequenz dafür aufgezeigt, daß das Kind nicht zu weinen aufhört. Ein kleiner Entscheidungsspielraum bleibt dem Kind erhalten.
9) Bitte, laßt uns den Ausflug für einen anderen Tag planen, wir machen ihn dann besonders schön.	3	Der Erzieher äußert eine Bitte.
10) In diesem Punkt irrst du.	1	Hier wird eine sachliche Feststellung getroffen.
11) Darüber solltest du aber mal nachdenken.	3	Der Erzieher macht einen ganz bestimmten Vorschlag.
12) So machst du es gefälligst!	4	Es wird ein Befehl gegeben.

13) Heute abend dürft ihr fernsehen.	2	Es wird eine Erlaubnis ausgesprochen. Die Kinder haben die Möglichkeit, etwas anderes zu tun.
14) Die Arbeit hast du gut gemacht.	1	Der Erzieher äußert ein Lob, es ist keinerlei Anweisung enthalten.
15) Hör jetzt auf mit dem Spielen.	4	Es wird eine Anordnung gegeben.

. . . störendes Verhalten kann zumindest kurzfristig abgestellt werden . . .

3. Übungsschritt: Das Formulieren von Äußerungen auf verschiedenen Stufen der Skala „Lenkung"

Als nächstes formulieren Sie bitte selber Äußerungen zu den Stufen 1 bis 4 der Skala „Lenkung". Es werden Ihnen wieder Erziehungssituationen vorgegeben. Z. B.:

Der vierjährige Thomas sitzt vor seinem halbvollen Teller und ißt nicht weiter. Seine Mutter sagt:
Stufe 1: „Na, du hast wohl keinen Appetit mehr?"
Stufe 2: „Thomas, ich finde es nicht schön, wenn du nicht aufißt."
Stufe 3: „Komm, iß jetzt noch drei Löffel, dann kannst du aufhören."
Stufe 4: „In fünf Minuten ist der Teller leer!"

Nun versuchen Sie bitte, selber zu der folgenden Situation je eine Erzieheräußerung für die Skalenstufe 1 bis 4 zu finden. Unten finden Sie Vergleichsäußerungen.

Situation: Ihre beiden Kinder streiten sich um einen Ball, den beide für sich allein haben wollen. Sie kommen dazu und sagen:

Stufe 1:

Stufe 2:

Stufe 3:

Stufe 4:

Vergleichsäußerungen zu der eben geschilderten Situation:

Stufe 1: a) Na, streitet ihr euch wieder?
b) Das Zanken macht euch doch bestimmt keinen Spaß.
c) Wer hat denn den Ball zuerst gehabt?
d) Morgen kaufen wir noch einen Ball.

Stufe 2: a) Ihr könnt euch doch noch einen Ball holen.
b) Streiten finde ich nicht schön.

c) Wie wäre es, wenn ihr euch einigen würdet? Ich helfe euch, wenn ihr wollt.
d) Überlegt doch mal, ob ihr nicht etwas anderes spielen könnt.

Stufe 3: a) Hört bitte auf mit dem Streiten.
b) Werft euch den Ball doch gegenseitig zu.
c) Wenn ihr nicht aufhört, muß ich euch den Ball wegnehmen.
d) Spielt jetzt bitte etwas anderes.

Stufe 4: a) Hört sofort auf mit dem Streiten!
b) Jeder geht in sein Zimmer!
c) Ich will jetzt nichts mehr von euch hören!

4. Übungsschritt: Das Feststellen des günstigsten Ausmaßes an „Lenkung"

Bitte sehen Sie sich nochmals die Vergleichsäußerungen aus dem vorigen Übungsschritt an und überlegen Sie sich, welches wohl die *beste* Erzieheräußerung ist. Bei welcher Äußerung werden wohl die Kinder am ehesten mit dem Streiten aufhören und auch dauerhaft das Streiten lassen?

Bevor Sie weiterlesen, schreiben Sie hier auf, welche beiden Äußerungen Sie für die erzieherisch günstigsten halten.

Wir können folgende Überlegung anstellen:

Äußerungen der Stufe 1 schränken die Kinder zwar nicht ein, lassen sie in ihrem Problem *aber weitgehend allein.* Diese Äußerungen entsprechen dem Erziehungsstil „Laisser-faire" aus den Lewin-Untersuchungen („Theoretische Einführung" S. 55). Die Äußerungen der Stufe 1 erscheinen uns in dieser Situation als unangemessen, weil keine Hilfestellung gegeben wird.

Bei *Äußerungen der Stufe 4* können wir wohl erwarten, daß die Kinder aufhören werden mit dem Streiten, diese Äußerungen *schränken jedoch die Kinder so stark ein,* daß dadurch schon die Wirkung von Strafe erreicht wird. Die nachteiligen Folgen von Strafen sind uns aus dem in der „Theoretischen Einführung" Geschilderten (S. 33f.) klargeworden. Äußerungen der Stufe 4 sind darum vom erzieherischen Standpunkt aus gesehen ebenfalls ungeeignet.

Bei Stufe 2 und 3 finden wir einige Äußerungen, die *Vorschläge* enthalten, *ohne den Kindern alle Eigentätigkeit abzunehmen.*

Z. B.: „Ihr könntet euch doch noch einen Ball holen."
„Wie wäre es, wenn ihr euch einigen würdet? Ich helfe euch, wenn ihr wollt."
„Werft euch den Ball doch gegenseitig zu."

Bei diesen Äußerungen kann angenommen werden, daß die Kinder *Anregungen für ein anderes Verhalten* bekommen; das Verhalten wird ihnen nicht aufgezwungen (wie in Stufe 4), sie werden aber auch nicht allein gelassen (wie in Stufe 1).

Die obigen Beispiele zeichnet außerdem ein gewisses Ausmaß an Wertschätzung aus. Man kann annehmen, daß die Kinder sich als Person angenommen fühlen und dadurch eher bereit sein werden, auf Vorschläge einzugehen.

Aus vielen Untersuchungen wissen wir, daß die *möglichen schädlichen Folgen von starker Lenkung* durch ein *hohes Ausmaß von Wertschätzung vermieden* werden können. Das bedeutet: *Je mehr Wertschätzung ein Erzieher verwirklicht, desto mehr Lenkung kann er verantworten.*

Um zu erkennen, ob eine Äußerung für ein Kind annehmbar ist, können Sie sich auch vorstellen, Sie sagten dasselbe zu Ihrem Ehepartner oder einem Freund. Wenn die Äußerung für einen Erwachsenen nicht verletzend oder einengend ist, wird sie es auch für ein Kind nicht sein.

5. Übungsschnitt: Das Formulieren von günstigen Lenkungsäußerungen

Ausgehend von den im 4. Lernschritt durchgeführten Überlegungen soll als nächstes geübt werden, Äußerungen mit Stufe 2 oder 3 nach der Skala „Lenkung" zu formulieren, die zugleich ein hohes Ausmaß an Wertschätzung enthalten. Bitte schreiben Sie je drei Äußerungen für die Stufen 2 und 3 der Skala Lenkung auf. Vergleichsäußerungen finden Sie unten.

Situation: Sie haben eine eilige Bitte an Ihren Jungen, der gerade in ein Spiel vertieft ist. Der Junge sagt: „Du kannst mich auch nie in Ruhe lassen!" Sie äußern dazu:

Stufe 2: a)

b)

c)

Stufe 3: a)

b)

c)

Vergleichsäußerungen zu der eben geschilderten Situation:

Stufe 2: a) Könntest du mir helfen, wenn du dein Spiel beendet hast?
b) Ja, du möchtest gern weitermachen. Aber ich brauche dich ganz dringend.
c) Vielleicht geht es, wenn du nachher weiterspielst?
d) Wenn du jetzt schnell hilfst, kannst du nachher ganz ungestört weitermachen.

Stufe 3: a) Es tut mir leid, dich stören zu müssen. Bitte hilf mir doch.
b) Ich weiß nicht, wen ich sonst fragen kann. Bitte hilf du mir.
c) Ich möchte nur, daß du mir schnell etwas einkaufst. Nachher störe ich dich nicht mehr.
d) Bitte tu es, ich habe es sehr eilig.

Es könnte nun so aussehen, als wenn es immer günstig wäre, ein Ausmaß an Lenkung der Stufe 2 oder 3 zu verwirklichen. Das ist natürlich nicht der Fall. Es gibt Situationen, wo es angebracht ist, überhaupt keine Lenkung zu zeigen, und es gibt (selten!) solche, wo Eltern stark lenken müssen. Woran man erkennt, ob in einer Situation stark oder weniger stark gelenkt werden sollte, werden wir im Übungsteil zur Bewältigung von Konflikten behandeln; ebenso auch, welche anderen Möglichkeiten als Lenkung es gibt, um Kinder oder Jugendliche zu einer Verhaltensänderung zu veranlassen.

Nach den Ergebnissen wissenschaftlicher Untersuchungen können wir folgendes festhalten:

1. Die wichtigste Erziehungsdimension ist die Wertschätzung, Kinder sollten soviel Wertschätzung wie möglich von ihren Eltern erfahren.

2. Das Ausmaß an Lenkung sollte sich nach der jeweiligen Situation richten. Sehr starke Lenkung sollte jedoch möglichst vermieden werden.

3. Die möglichen schädlichen Wirkungen von Lenkung können durch ein hohes Ausmaß an Wertschätzung ausgeglichen werden.

18. Übung: Bewältigung von Konflikten

1. Übungsschritt: Das Erkennen von Konflikten

Ein Konflikt tritt dann auf, wenn mehrere gleichzeitig auftretende Interessen einander so entgegenstehen, daß die daraus folgenden Handlungskonsequenzen miteinander unvereinbar sind. Ein Konflikt ist außerdem dadurch gekennzeichnet, daß er eine hohe emotionale Beteiligung des Individuums aufweist. Die Frage, ob in einem Lokal Kakao oder Tee bestellt wird, stellt normalerweise keinen Konflikt dar. Für einen Studenten, der wenig Geld hat, könnte es aber einen Konflikt bedeuten, überhaupt ein Kaffeehaus aufzusuchen. Er trifft zwar dort seine Freunde, andererseits spart er lieber das Geld.

Es kann sein, daß sich ein Konflikt *innerhalb* einer Person ereignet: z. B. eine Mutter sieht, daß ihr vierjähriges Kind mit einem Messer spielt. Folgende Interessen könnten sich gegenüberstehen:

	Gefühle und Interessen der Mutter	*Handlungskonsequenzen*
pro	Die Mutter möchte, daß das Kind lernt, mit dem Messer umzugehen.	Kind weiterspielen lassen.
contra	Die Mutter hat Angst, daß das Kind sich schneidet.	Dem Kind das Messer wegnehmen.

Man kann diese Situation auch als Konflikt *zwischen* Mutter und Kind auffassen:

	Gefühle und Interessen	*Handlungskonsequenzen*
der Mutter	Die Mutter hat Angst, daß das Kind sich schneidet.	Dem Kind das Messer wegnehmen.
des Kindes	Das Kind möchte den Umgang mit dem Messer kennenlernen.	Weiterspielen.

Überlegen Sie jetzt bitte selbst, aus welchen Komponenten sich der folgende Konflikt zusammensetzt:

Situation: Ein 6jähriges Mädchen kommt jede Nacht ins Bett der Mutter, weil es Angst hat.

Schreiben Sie zunächst auf, welche gegensätzlichen Komponenten in der Mutter auftreten:

	Gefühle und Interessen der Mutter	*Handlungskonsequenzen*
pro		
contra		

Als nächstes überlegen Sie, wie sich der Konflikt zwischen Mutter und Kind darstellt:

	Gefühle und Interessen	*Handlungskonsequenzen*
der Mutter		
des Kindes		

Ein entsprechendes Schema können Sie für jeden in Ihrem Erfahrungsbereich auftretenden Konflikt aufstellen.

In den obigen Beispielen sind die Konflikte natürlich sehr vereinfacht dargestellt. Man kommt der Realität näher, wenn man alle Gefühle mit den daraus resultierenden Handlungskonsequenzen aufschreibt, die in einer Konfliktsituation auftreten. Im folgenden Beispiel sind die auftretenden Gefühle schon nach den Handlungskonsequenzen geordnet.

Situation: Eine Mutter beobachtet zum wiederholten Mal, daß sich ihre beiden Kinder um ein Spielzeug zanken.

	Gefühle und Interessen der Mutter	*Handlungskonsequenzen*
pro	1. Die Mutter möchte, daß die Kinder selbst mit dem Streit fertig werden. 2. Die Mutter hat die Erfahrung gemacht, daß Eingreifen auf die Dauer nichts nützt. 3. Die Mutter hat gerade sehr wichtige Dinge zu erledigen, die sie ungern unterbrechen möchte.	Die Mutter greift nicht in den Streit ein.
contra	4. Die Mutter möchte Ruhe haben. 5. Die Mutter hat Angst, daß die Kinder einander verletzen. 6. Die Mutter will nicht, daß die Kinder sich das Streiten angewöhnen. 7. Die Mutter hat Angst, daß die Nachbarn durch den Streit gestört werden.	Die Mutter greift in den Streit ein.

Sie werden wahrscheinlich feststellen, daß
- einige der hier angeführten Beweggründe oder Gefühle der Mutter Ihnen nicht in den Sinn gekommen wären,
- daß Ihnen noch andere mögliche Beweggründe oder Gefühle in dieser Situation einfallen würden.

Wir können folgende Punkte festhalten:

1. Ein Konflikt ist eine Entscheidungssituation innerhalb einer Person oder zwischen mehreren Personen, bei der starke Gefühle auftreten.

2. Die Gefühle, die bei unterschiedlichen Personen in gleichartigen Konfliktsituationen auftreten, können verschieden sein.

3. Aus den unterschiedlichen Gefühlen oder Interessen ergeben sich auch unterschiedliche Handlungskonsequenzen.

2. Übungsschritt: Die Entscheidung der Konfliktsituation innerhalb einer Person

Im allgemeinen fällt die Entscheidung für die Handlungsalternative, die den größten Wert bzw. das kleinste Übel für das Individuum darstellt. Auf das letztgenannte Beispiel bezogen könnte das bedeuten:

Der Mutter ist es sehr wichtig, daß die Kinder ihren Streit allein lösen (daß die Kinder in dieser Hinsicht selbständig werden).

Sie stellt alle anderen Gefühle, die außerdem noch in ihr auftauchen, zurück. Deshalb entscheidet sie sich dafür, *nicht* in den Streit einzugreifen. Einer anderen Mutter in der gleichen Situation mag es vielleicht am wichtigsten sein, daß im Kinderzimmer Ruhe herrscht. Sie wird sich deshalb entschließen, in den Streit einzugreifen und die Kinder zur Ruhe zu ermahnen.

Es kommt also darauf an, welches Gefühl oder Interesse das wichtigste ist. Bei einer Konfliktsituation muß man sich folgende drei Punkte überlegen:

1. *Welche Gefühle und Interessen habe ich in dieser Situation?*
2. *Welches Gefühl oder welches Interesse ist das wichtigste für mich?*
3. *Welche Handlungsalternative ergibt sich?*

Im ersten Übungsschritt wurde Punkt 1 geübt. Üben Sie nun bitte zu entscheiden, *welches Gefühl oder Interesse jeweils wichtig für Sie ist.* In den hier geschilderten Situationen handelt es sich immer um Erziehungssituationen. Die auftauchenden Gefühle und Interessen hängen fast immer mit Erziehungszielen zusammen. Bei der Frage nach der Wichtigkeit des Gefühls oder eines Interesses wird also *gleichzeitig die Frage nach der Wichtigkeit des jeweils zugrunde liegenden Erziehungszieles* gestellt.

Für die folgende Erziehungssituation sind die Gefühle und Interessen schon vorgegeben, die in der Erziehungsperson auftauchen. Bitte entscheiden Sie für sich, welches Gefühl oder Interesse für Sie wirklich das wichtigste ist. Formulieren Sie anschließend eine geeignete Handlungskonsequenz und schreiben Sie sie in die rechte Spalte.

Situation: Ein Vater beobachtet, wie sein 5jähriger Sohn an einem Glas Schnaps nippt.

Gefühle und Interessen das Vaters	*Zugrunde liegendes Erziehungsziel*	*Handlungskonsequenz*
1. Der Vater hat Angst, daß das Kind gesundheitlichen Schaden erleidet.	Achten auf gesundes Verhalten.	
2. Der Vater möchte seinen Schnaps allein trinken.	Respektieren von fremdem Eigentum.	
3. Der Vater ist gespannt, wie dem Jungen der Schnaps schmeckt.	Fördern von Neugierverhalten.	
4. Der Vater findet es unangebracht, wenn Kinder Schnaps trinken.	Fördern von kindgemäßem Verhalten.	

Bei diesen Aufgaben gibt es keine „Auflösungen", weil es keine richtigen oder falschen Antworten gibt. Jeder kann nur für sich selbst entscheiden, was ihm wichtig und was ihm unwichtig ist.

Allerdings dürfte wohl die Mehrzahl der Eltern darin übereinstimmen, daß das Ziel „Förderung von kindgemäßem Verhalten" gegenüber den anderen genannten Zielen kaum das erstrebenswerteste Ziel sein kann. Meist ist es so, daß die Ziele, die langfristig gelten, als wichtiger erkannt werden als solche, die nur kurzfristig gelten, obwohl uns die kurzfristigen meist lieber sind, da sie uns Ruhe, Erleichterung und unmittelbare Erfüllung von Wünschen bedeuten.

Im obigen Beispiel kann man „Gesundheit", „Respektieren von fremdem Eigentum" und „Neugierverhalten" als langfristige Ziele ansehen.

Bei der Entscheidung über die Wichtigkeit eines Zieles sollte also auch der Gesichtspunkt Beachtung finden, ob das Ziel *lang- oder kurzfristig* gilt. Bitte markieren Sie bei der folgenden Situation die langfristig geltenden Ziele mit einem L und die kurzfristig geltenden mit einem K.

Situation: Die Mutter will mit der 4jährigen Bärbel in die Stadt gehen. Das Kind bummelt beim Anziehen.

Gefühle und Interessen der Mutter	*Zugrundeliegendes Erziehungsziel*	*Handlungskonsequenz*
1. Die Mutter will schnell weg.	Kind soll schneller sein.	
2. Die Mutter will, daß das Kind sich selbst anzieht.	Selbständigkeit beim Anziehen.	
3. Die Mutter ist wütend.	Kind soll sich dem Willen der Mutter fügen.	
4. Die Mutter wundert sich, was mit dem Kind los ist.	Kind soll Entscheidungen selber treffen.	

Zum Abschluß üben Sie noch einmal an einer Situation die listenmäßige Darstellung der auftretenden Gefühle und Interessen, der zugrunde liegenden Erziehungsziele und die jeweils daraus folgenden Handlungskonsequenzen. Überlegen Sie dann, welche Ziele kurzfristig, welche langfristig gelten. Markieren Sie anschließend das Ihnen am wichtigsten erscheinende Gefühl oder Interesse mit einem Kreuz.

Situation: Ihr zehnjähriger Sohn kommt jeden Nachmittag erst spät von der Schule nach Hause, weil er unterwegs noch mit seinen Kameraden Fußball spielt.

Gefühle und Interessen des Erziehers	*Zugrundeliegendes Erziehungsziel*	*Handlungskonsequenz*

Es empfiehlt sich, daß Sie ein solches Schema für die Konfliktsituationen mit Ihren eigenen Kindern anlegen. Das hat gegenüber dem spontanen Handeln die Vorteile:

– *daß Sie sich über Ihre eigenen Interessen und Gefühle klar werden,*
– *daß Sie üben zu bedenken, was Ihnen wirklich wichtig ist,*
– *daß Sie nicht einem augenblicklichen Gefühl nachgeben, sondern zielgerichtet handeln.*

3. Übungsschritt: Das Verständnis der Konfliktsituation beim Partner

Bis jetzt haben Sie geübt zu erkennen, was in Ihnen selbst vorgeht, wenn Sie einen Konflikt erleben. Genauso wichtig ist es, zu erfahren, was in Ihrem Partner – dem Kind – vorgeht. Dazu haben Sie mehrere Möglichkeiten:

A) Sie bringen die vermuteten Interessen und Gefühle des Kindes in der Konfliktsituation, seine Ziele und die Handlungskonsequenzen in ein Konfliktschema.

Dies könnte beispielsweise folgendermaßen aussehen:

Situation: Ihr Kind sitzt vor seinen Schulaufgaben und guckt gelangweilt aus dem Fenster.

Vermutete Interessen und Gefühle des Kindes	*Vermutete Ziele des Kindes*	*Mögliche Handlungskonsequenzen*
1. Keine Lust, Schulaufgaben zu machen.	Etwas anderes tun.	Aufstehen und etwas anderes tun.
2. Pflichtgefühl: die Aufgaben müssen gemacht werden.	Aufgaben fertig bekommen.	Aufgaben bearbeiten.
3. Eindruck, daß die Aufgaben zu schwer sind.	Den Aufgaben entgehen.	Etwas anderes tun.
4. Angst vor dem Lehrer, wenn die Aufgaben nicht gemacht sind.	Dem Lehrer gefallen.	Aufgaben bearbeiten.

Bitte versuchen Sie nun für den folgenden Konflikt ein Konfliktschema für das Kind aufzustellen:

Situation: Ihr Junge hat von seinem Patenonkel 100 Mark für sein Sparbuch bekommen. In zwei Wochen will der Junge auf eine Fahrt mit seinem Verein gehen, dafür braucht er eine Taucherausrüstung, die Sie, die Eltern, nicht bezahlen können.

Vermutete Interessen und Gefühle des Kindes	*Vermutete Ziele des Kindes*	*Mögliche Handlungskonsequenzen*

Bei dieser Methode ist man auf *Vermutungen angewiesen*, d. h. man versucht sich vorzustellen, was wohl in dem Kind vorgehen mag. Eine verläßlichere Methode ist, mit dem Kind über seine Beweggründe für bestimmte Handlungen zu sprechen. Diese Methode soll im folgenden Punkt angesprochen werden.

B) Das Sprechen mit dem Partner in einer Konfliktsituation.

Im Übungsabschnitt zur Dimension „Wertschätzung“ haben Sie gelernt, wie man die Gefühle und Interessen eines Partners anspricht. Wenn man in dieser wertschätzenden Weise mit einem Kind spricht, so kann es sich frei fühlen und über seine Einstellungen und Gefühle sprechen. Das heißt, das Kind wird Ihnen eher seine Interessen und Beweggründe mitteilen, wenn Sie beim Sprechen mit ihm folgende Punkte beachten:

1. *Eingehen auf das, was das Kind sagt!*
2. *Keine eigene Bewertung aussprechen!*

Ihre Antworten sollten der Skalenstufe 3 nach der „Skala zur Beurteilung der Wertschätzung in Erzieheräußerungen“ entsprechen.

Die beiden oben genannten Punkte sollen an Beispielen erläutert werden:

Zu 1. — Eingehen auf das, was das Kind sagt:

Kindesäußerung	*Günstige Erzieher-äußerung (Erzieher geht auf das vom Kind Gesagte ein)*	*Ungünstige Erzieher-äußerung (Erzieher geht auf das vom Kind Gesagte nicht ein)*
1. Heute in der Schule war es mal wieder doof.	Dir hat es heute gar nicht gefallen.	Jetzt bist du zu Hause, da ist es ja nicht doof.
2. Klaus hat mich gehauen.	Du konntest Dich mit ihm nicht einigen.	Spiel doch mit Hans, der ist verträglich.

Zu 2. — Keine eigene Bewertung aussprechen:

Kindesäußerung	*Günstige Erzieher-äußerung (Erzieher bewertet nicht)*	*Ungünstige Erzieher-äußerung (Erzieher bewertet)*
1. Der Bernd ist so doof – den verhaue ich morgen.	Du hast dich sehr über ihn geärgert.	Das würde ich an deiner Stelle nicht tun, man sollte sich friedlich einigen.
2. Mir ist was Schlimmes passiert – ich habe 2 Mark verloren.	Das ist ein großer Verlust für dich.	Du solltest besser auf das Geld aufpassen.

Weitere Erläuterungen und Übungsmöglichkeiten finden Sie im Übungsteil zur Dimension „Wertschätzung“.

4. Übungschritt: Das Erkennen der jeweiligen Art des Konfliktes

In den vorangegangenen Abschnitten haben Sie geübt:

1. sich über Ihre eigenen Gefühle und Interessen, Ziele und Handlungsalternativen klarzuwerden,
2. das wichtigste Ziel zu wählen und eine Handlungsalternative dafür zu suchen,
3. sich über die Gefühle und Interessen, Ziele und Handlungsalternativen des Kindes klarzuwerden.

Wenn Sie diese drei Punkte bearbeitet haben, haben Sie einen von drei möglichen Fällen vor sich:

Fall I: Der Konflikt zwischen Elternteil und Kind ist dadurch entstanden, daß innerhalb des Erziehers ein Konflikt besteht. Für das Kind ist die Situation an sich nicht problematisch. Sie wird erst problematisch durch das Erzieherverhalten.

Beispiel:
Ein vierzehnjähriger Junge möchte sich die Haare lang wachsen lassen. Seine Eltern sind unsicher, ob sie ihre eigenen Vorstellungen durchsetzen oder dem Jungen sein Recht auf Selbstbestimmung geben sollen.

Fall I tritt häufig auf, wenn der Erzieher *für* das Kind oder den Jugendlichen denkt oder handelt (etwa nach dem Motto: „Wir wollen nur dein Bestes").

Fall II: Der Konflikt zwischen Elternteil und Kind ist dadurch entstanden, daß innerhalb des Kindes ein Konflikt besteht. Für den Erzieher ist die Situation an sich nicht problematisch. Sie wird erst problematisch durch das Verhalten des Kindes.

Beispiel:
Ein achtjähriges Mädchen sitzt vor seinen Schulaufgaben und guckt aus dem Fenster. Die Mutter möchte gerne mit dem Kind in die Stadt gehen, wenn die Schulaufgaben fertig sind.

Fall III: Der Konflikt zwischen Elternteil und Kind ist dadurch entstanden, daß beide unterschiedliche Ziele verfolgen.

Beispiel:
Ihr Kind möchte gern 20 DM Taschengeld haben, Sie wollen ihm aber nur 10 DM geben.

Für die Fälle I, II und III wird jeweils ein unterschiedliches Verhalten günstig sein.

Unsere Übung zielt darauf hin, zu unterscheiden, welcher Fall bei einer angenommenen Konfliktsituation vorliegt. *Schreiben Sie bei den angeführten Situationen jeweils die entsprechende Ziffer in das freie Kästchen ein.*

A) Ihre Tochter möchte gerne in zerlumpten Bluejeans zur Schule gehen. Sie sind dafür, daß sie einen Rock anzieht. □

B) Sie haben mit Ihren Kindern verabredet, daß diese nur im Kinderzimmer spielen sollen. Heute kommen Sie nach Hause und sehen, daß die Kinder sich im Wohnzimmer aus den Möbeln eine Höhle gebaut haben. □

C) Es soll ein gemeinsamer Sonntagsausflug geplant werden. Die Kinder möchten in den Zoo, die Eltern wollen die Großmutter besuchen. □

D) Ihre fünfzehnjährige Tochter möchte mit ihrem zwanzigjährigen Freund allein verreisen. Die Eltern sind dagegen. □

E) Ihr siebzehnjähriger Sohn steht kurz vor der Schulentlassung. Er erzählt Ihnen jeden Tag einen anderen Berufswunsch. Allmählich werden Sie nervös und wollen von ihm gern eine endgültige Entscheidung hören. □

F) Die Großmutter hat ihrer neunzehnjährigen Enkelin zum Geburtstag ein Kleid geschenkt, das die Enkelin nicht leiden mag. Die Enkelin druckst herum und bedankt sich nicht. □

G) Sie haben Ihren achtjährigen Sohn auf dessen ausdrücklichen Wunsch hin beim Schwimmverein angemeldet und den Jahresbeitrag im voraus bezahlt. Nach zwei Monaten weigert sich Ihr Sohn, weiter hinzugehen. □

H) Sie sind überzeugt davon, daß Ihr fünfzehnjähriger Sohn begabt genug ist, das Abitur zu machen, um zu studieren. Ihr Sohn möchte aber lieber mit Mittlerer Reife abgehen und einen praktischen Beruf erlernen. □

Die Auflösung aus der Sicht der Autoren finden Sie am Ende dieses Übungsteiles (S. 176).

5. Übungschritt: Das dem jeweiligen Fall entsprechende Verhalten

Fall I

Der Fall I ist dadurch gekennzeichnet, daß er *durch den Erzieher provoziert* wird. Sie sollten sich bei Konflikten des Falles I folgende Fragen vorlegen:

Warum ist es für mich so wichtig, meine Vorstellung durchzusetzen?
Konkret: Warum ist es für mich als Erzieher wichtig, daß z. B.

– mein Sohn kurze Haare trägt,
– meine Tochter nicht mit ihrem Freund verreist,
– mein Kind einen bestimmten Beruf ergreift, den ich für gut halte?

Aus der Fragestellung geht schon hervor, daß es sich dabei um *Ihr* Problem handelt. Versuchen Sie allein darüber nachzudenken oder sich mit Ihrem Ehepartner oder einer anderen Vertrauensperson auszusprechen. Sie haben auch die Möglichkeit, fachmännische Hilfe aufzusuchen, z. B. eine Beratungsstelle. Überlegen Sie, ob es sich lohnt, Ihre eigenen Probleme auf Ihr Kind zu übertragen.

Wenn es sachliche Argumente gibt, die für Ihre Überzeugung sprechen, so machen Sie Ihrem Kind diese Argumente zugänglich, und zwar in einer möglichst sachlichen Form. Zum Beispiel, wenn Sie der Meinung sind, daß früher geschlechtlicher Verkehr oder Empfängnisverhütung für fünfzehnjährige Mädchen noch nicht gut ist, so schicken Sie Ihre Tochter zum Frauenarzt oder zu einer kompetenten Vertrauensperson, damit er es ihr klarmacht. Sprechen Sie mit Ihrem Kind über die Argumente.

Fall II

Im Fall II entsteht die Problemsituation dadurch, daß *im Kind ein Konflikt besteht.* Die Aufgabe des Erziehers besteht darin, dem Kind zu helfen, mit seiner Konfliktsituation fertig zu werden. Eine Möglichkeit dazu haben Sie kennengelernt im Übungsteil zur Dimension „Wertschätzung" (S. 141) sowie im Übungsschritt 3 dieses Abschnittes (S. 166). An einem Beispiel soll Fall II verdeutlicht werden.

Situation: Ihr Kind hat keine Lust, zur Nachhilfestunde zu gehen, es möchte lieber zum Baden, da es sehr heiß ist.

Es ist möglich, daß Sie und das Kind beide als wichtigstes Ziel das Weiterkommen in der Schule erkennen. In diesem Fall wäre eine erstrebenswerte Konfliktlösung möglich, wenn Sie dem Kind helfen, in den sauren Apfel zu beißen und zur Nachhilfestunde zu gehen.

Bitte überlegen Sie, auf welche Art Sie dem Kind helfen können, und schreiben Sie die Möglichkeiten hier auf. Berücksichtigen Sie dabei, was Sie über „Verstärkung" und die Erziehungsdimensionen „Wertschätzung" und „Lenkung" gelernt haben.

Fall III

Bei Konfliktsituationen, die als Fall III zu bezeichnen sind, handelt es sich um die *eigentlichen Konflikte.* Hier stehen einander zwei Partner gegenüber, die entgegengesetzte Ziele anstreben. Die Lösung sollte gemeinsam erarbeitet und für beide Teile annehmbar sein. Ist sie für einen Partner nicht annehmbar, so besteht große Wahrscheinlichkeit, daß eine getroffene Abmachung (Lösung) nicht eingehalten wird.

Folgende Konfliktsituationen sind typische Beispiele für Fall III:
Der Erzieher und der Jugendliche bzw. das Kind können sich nicht einigen über
- die Höhe des Taschengeldes,
- welche Kleidung gekauft werden soll,
- wie oft das Kind im Haushalt helfen oder auf die kleinen Geschwister aufpassen soll usw.

Allen diesen Situationen ist gemeinsam, daß die Vorstellungen der Eltern und die des Kindes gewissermaßen die Endpunkte einer Reihe abgestufter Möglichkeiten darstellen.

Beim Taschengeldproblem z. B.:
- Sie sind vielleicht der Ansicht, daß 10 DM Taschengeld angemessen sind.
- Ihr Kind mag der Ansicht sein, daß 20 DM richtig sind.
- Dazwischen gibt es die Möglichkeit, 11, 12, 13 Mark oder irgendeinen anderen Zwischenwert zu geben.

Die Festlegung könnte z. B. nach dem Gesichtspunkt erfolgen, wofür das Kind das Geld braucht (z. B. Geschenke für Geburtstag, Schulhefte usw.).

Es wird nun ein Kompromiß geschlossen, dem bestimmte Vorgänge vorausgehen:
1. Der eine Partner legt seine Bedürfnisse dar (das Kind sagt: „Ich brauche 20 DM für Kaugummi, Hefte, Geburtstagsgeschenke . . .“).
2. Der andere Partner legt seine Möglichkeiten dar (die Eltern sagen: „Wir haben 1000 DM, davon brauchen wir für die Wohnung 400 DM, Lebensunterhalt 500 DM, an Taschengeld für die ganze Familie verbleiben 100 DM“).
3. Aufgrund sachlicher Argumente wird ein Kompromiß geschlossen. (Es wird festgestellt, wieviel die Eltern ihm höchstens geben können, z. B. 15 DM. Dann wird mit dem Kind zusammen ausgerechnet, was das Kind dafür kaufen kann, z. B. Kaugummi für 1 DM, Geburtstagsgeschenke für 5 DM, Hefte und andere Schulsachen für 3 DM, Kinokarte für 6 DM; die Eltern erklären sich bereit, Schwimmbadbesuche und andere anfallende Posten zu bezahlen.)
Bitte überlegen Sie für das folgende Problem, wie sich ein Kompromiß finden ließe:

Situation: Es geht um den Sonntagsausflug: Die Eltern wollen gern die Großmutter besuchen, die Kinder – fünf und sechs Jahre alt – wollen in den Zoo. Die Großmutter in den Zoo mitzunehmen ist nicht möglich.
1. Bedürfnisse der Kinder:

2. Bedürfnisse der Eltern:

3. Sachliche Argumente, die zum Kompromiß führen:

Vorschläge der Autoren finden Sie am Schluß des Übungsteiles (S. 177)

Versuchen Sie Ihre eigenen Konflikte mit Ihren Kindern auf diese Weise anzugehen. Arbeiten Sie dabei mit dem Kind zusammen. Am Anfang ist es günstig, die Probleme schriftlich zu bearbeiten, dadurch ist gewährleistet, daß Sie bei der Entscheidung alle Argumente vor Augen haben.

Zusammenfassung

Es soll zum Abschluß schematisch dargestellt werden, wie bei einem Konflikt vorgegangen werden sollte:

1. Für jeden Konfliktpartner wird in Zusammenarbeit ein Konfliktschema erstellt:

Partner A:

Gefühle und Interessen	*Zugrundeliegendes Ziel*	*Handlungskonsequenz*

Partner B:

Gefühle und Interessen	*Zugrundeliegendes Ziel*	*Handlungskonsequenz*

2. *Entscheiden Sie gemeinsam, ob Fall I* (der Konflikt wird allein durch den Erzieher verursacht), *Fall II* (der Konflikt spielt sich innerhalb des Kindes ab) *oder Fall III* (der Konflikt entsteht aufgrund unterschiedlicher Zielvorstellungen der Partner) *vorliegt.* Im Fall I und II verfahren Sie wie S. 171 beschrieben.

Die folgenden Punkte beziehen sich auf Fall III:

3. *Beide Partner legen das ihnen am wichtigsten erscheinende Ziel mit der zugehörigen Handlungskonsequenz fest.* Die Partner teilen sich diese Entscheidung gegenseitig mit.

4. *Die Partner erarbeiten gemeinsam eine Lösung,* die den folgenden Kriterien genügt:

- die Interessen beider Partner werden soweit wie möglich berücksichtigt,
- beide Partner sind mit der Lösung einverstanden und bereit, sich an die Vereinbarung zu halten.

19. Übung: Feinfühligkeit in bezug auf den Säugling

Sie haben sich im Rahmen des theoretischen Teiles dieses Buches Gedanken darüber gemacht, wie feinfühlig Sie bis jetzt die Signale Ihres Kindes entschlüsselt und wie Sie darauf reagiert haben. Es wird Ihnen hilfreich sein, wenn Sie sich nun während zwei oder mehr Tagen – jeweils pro Tag während gewissen Zeiten – genau beobachten nach dem folgenden Raster:

Beobachtungszeit: von .... bis ....

Tag ....

	Beschreibung des Kindsignals: Welches Zeichen, Verhalten zeigt es?	Worauf führe ich das Verhalten zurück? Was bedeutet es? Was will es mitteilen?	Wie habe ich darauf reagiert? Mit welchem Verhalten? Prompt?	Wie hat das Kind meine Reaktion aufgenommen?
1. Ereignis				
2. Ereignis				
3. Ereignis				
4. Ereignis				
5. Ereignis				
6. Ereignis				
7. Ereignis				
8. Ereignis				
9. Ereignis				
10. Ereignis				
11. Ereignis				
12. Ereignis				
13. Ereignis				
14. Ereignis				

Korrekturen zum Übungsteil „Lernprinzipien“

Zur 7. Übung:

1. „Konzentration“ kann im konkreten Fall beschrieben werden z. B. durch:
- Die Zeit (in Minuten), während der jemand auf seinem Stuhl während der Hausaufgaben sitzen bleibt.
- Die Zeit (in Minuten), während der jemand still auf seinem Stuhl sitzt, ohne herumzurutschen, aufzustehen usw.
- Die Zeit (in Minuten), während der jemand in einem Buch liest oder einen Text schreibt, ohne aufzuschauen.
- Die Zeit (in Minuten), die allein mit einem Spielzeug, z. B. Lego-Baukasten, verbracht wird.

2. „Sensibel“:
- Weinen nach Gestoßenwerden durch andere Kinder.
- Weinen bei körperlicher Anstrengung.
- Erröten bei ironischen Bemerkungen.
- Übertriebene Scheu vor Schmutz.
- Weinen nach Abschlagen einer Bitte.
- Heftige Äußerungen von Angst oder Ekel bei bestimmten Tieren oder in bestimmten Situationen.

Welche Kategorien für die Verhaltensbeschreibung bei einem bestimmten Kind ausgewählt werden müssen, kann sich nur aus dem Gespräch mit Personen, die das Kind gut kennen, und aus der direkten Beobachtung ergeben.

Zur 14. Übung:

1. Übungsschritt:

1. Bedeutsame Bedingungen für sein aggressives Verhalten dürfen
- im aggressiven Vatermodell und
- im aggressiven Schwestermodell (die wiederum ein aggressives Lehrermodell neben ihrem Vater erfährt)

zu suchen sein.

D. h. daß dieses Verhalten vermutlich weitgehend durch das *Beobachtungslernen* erworben wurde.

Für die Aufrechterhaltung dieses aggressiven Verhaltens dürfte zusätzlich auch das *Verstärkungslernen* eine gewisse Rolle spielen, da für Gottfried sein aggressi-

ves Verhalten gelegentlich auch mit *Erfolg* verbunden ist (Durchsetzung, Prestige usw.). Dadurch wird er für aggressives Verhalten gelegentlich verstärkt.
2. Dieses Verhalten scheint *durch die Reaktion der Mutter verstärkt* zu werden: vermehrte Zuwendung, Versprechungen . . . Manchmal setzt er sich durch dieses Verhalten auch durch, wodurch er gelegentlich verstärkt wird.
3. Die durch den Vater erfahrenen unangenehmen Konsequenzen im Sinne der Strafe haben bei Gottfried ein *typisches Vermeidungsverhalten* ausgebildet: Er vermeidet die Wut- und Schreianfälle in Anwesenheit des strafenden Vaters. Das unerwünschte Verhalten wird aber dadurch *nicht gelöscht,* wie man sieht. Es wird nur unterdrückt in Anwesenheit des Vaters.
Für eine gezielte Verhaltensänderung müßten die Bedingungen durch eine *Verhaltensanalyse* (vgl. „Fachausdrücke") präzise untersucht werden.

2. Übungsschritt:

Die Mutter könnte statt mit verstärkender Aufmerksamkeit und Zureden mit Abwendung reagieren, wenn Gottfried die Schrei- und Wutanfälle bekommt (Verstärkungsentzug). Zusätzlich könnte sie beispielsweise mit Gottfried ein Belohnungssystem mit Punkten verabreden. Sie könnte ihm z. B. für jeden Tag, den er ohne solche Anfälle verbringt, einen Punkt vermerken (oder für jeden halben Tag, je nach Häufigkeit der Störung) und ihm für alle 3 Punkte eine Belohnung oder einen Vorteil zukommen lassen. Dabei müßte die Anforderung für die Belohnung langsam erhöht und die Belohnung später allmählich in Lob, Zuwendung und andere soziale Verstärker überführt werden.
Da die aggressiven Modelle als eine Bedingung für sein aggressives Verhalten postuliert wurden, wäre darauf hinzuwirken (z. B. durch einen Verstärkungsplan für sozial angemessene Verhaltensweisen), daß auch der Vater und die Schwester ihr aggressives Verhalten abbauen.

Lösungsvorschläge zum Übungsteil: Bewältigung von Konflikten

Zum 2. Übungsschritt (Problem auf S. 163)
1 = K, 2 = L, 3 = K, 4 = L.

Zum 4. Übungsschritt (Probleme auf S. 170)
A = I, B = III, C = III, D = I, E = II, F = II, G = II, H = I.

Zum 5. Übungsschritt:

Fall II (Seite 171)

a) Sie könnten dem Kind eine Belohnung versprechen, die es bei seiner Rückkehr vom Nachhilfeunterricht erhält. (Einsatz positiver Verstärkung.)

b) Sie könnten dem Kind sagen: „Offensichtlich fällt es dir heute sehr schwer, zum Nachhilfeunterricht zu gehen. Aber wir möchten doch beide, daß sich deine Leistungen verbessern. Wenn du fleißig weiterarbeitest, brauchst du bald gar keine Nachhilfestunden mehr." (Äußerung in der Dimension Wertschätzung – Stufe 4, Dimension Lenkung – Stufe 1).

c) Sie könnten mit dem Kind gemeinsam den Nachhilfelehrer anrufen und ihn fragen, ob die Stunde zeitlich verlegt werden kann (Finden eines Kompromisses).

Fall III (Seite 172)

1. Bedürfnisse der Kinder:
- Die Kinder wollen sich bewegen;
- sie wollen nicht den Nachmittag ruhig mit älteren Leuten am Kaffeetisch verbringen;
- sie wollen gerne die Tiere im Zoo ansehen.

2. Bedürfnisse der Eltern:
- Sie möchten der Oma mit dem Besuch Freude bereiten;
- sie wollen gerne einen ruhigen Nachmittag am Kaffeetisch verbringen;
- sie möchten, daß die Großmutter ihre Enkel sieht.

3. Sachliche Argumente, die zum Kompromiß führen:

a) Da bei Regen ein Zoobesuch reizlos ist, wird verabredet, falls es regnet, die Großmutter zu besuchen, bei schönem Wetter in den Zoo zu gehen – jedoch soll dann am nächsten Sonntag auf jeden Fall die Großmutter besucht werden.

b) Die Eltern erklären sich bereit, am Nachmittag mit den Kindern in den Zoo zu gehen, dafür versprechen die Kinder, sich am Abend ruhig zu verhalten und zeitiger ins Bett zu gehen, damit die Eltern abends noch allein die Großmutter besuchen können.

NOTIZEN

NOTIZEN

NOTIZEN

Programmvorschläge für Kurse

Dieses Buch eignet sich als Grundlage verschiedener *Kursarten*. Unser „Standardkurs“ erstreckt sich über 9 bis 10 Wochen. Bei gut motivierten Teilnehmern ist das erfahrungsgemäß eine Zeitspanne, die durchgehalten wird, und die bei entsprechender Organisation die elementare Erarbeitung des Stoffes erlaubt. Wenn 4 bis 6 Abende zur Verfügung sind, empfiehlt es sich, einen für die Kursteilnehmer *relevanten Teil* herauszugreifen, z. B. die lernpsychologischen Prinzipien, oder die kognitiven Aspekte der Erziehung (Abschnitte II, III, VI), oder die Erziehungsstildimensionen inkl. Konfliktlösung.

Je nach Zielgruppe können einzelne Kapitel aus dem *entwicklungspsychologischen Abschnitt* (IX) einbezogen werden, die sich übrigens auch als *Grundlage für einzelne Kursabende* verwenden lassen. In einem gewissen Umfang können die Kurse also gemäß den Bedürfnissen und Zielsetzungen der speziellen Veranstaltung frei zusammengesetzt werden. Die Freiheitsgrade beschränken sich nur insoweit, als gewisse Abschnitte aufeinander aufbauen, nämlich:

- Lernprinzipien und Beobachtung (Abschnitte IV und V)
- Alltagstheorien / kognitive Aspekte der Erziehung (Abschnitte II, III, VI)
- Erziehungsstil und Konfliktlösen (Abschnitte VII und VIII).

Das neun bis zehn Abende dauernde „Standardprogramm“

So wie wir damit arbeiten, enthält jeder Abend stets einen *Plenarteil,* in dem alle Kursteilnehmer theoretisch in den zu bearbeitenden Teil eingeführt werden. Anschließend werden *Kleingruppen* gebildet, die 8 bis 10 Teilnehmer nicht übersteigen sollten und die durch einen Tutor (Psychologen, Pädagogen) zu betreuen sind. Bei der Gruppenbildung achten wir darauf, daß die Ehepaare *nicht* in der gleichen Gruppe sind. In der Kleingruppe werden

1. die daheim durchgeführten Übungen der vorausgegangenen Woche im Sinne des Erfahrungsaustausches besprochen,
2. die Theorie des Abends vertieft und Übungen vorbereitet für die kommende Woche. Dabei wird u. a. auch mit Rollenspiel geübt.

Als von erheblicher Bedeutsamkeit hat sich die Frage erwiesen, ob die Eltern in der ersten Phase, besonders mit den *Beobachtungsübungen,* ernsthaft mitarbeiten. Wer diese Schwelle nicht schafft, bleibt meistens „draußen“. Es ist zu überlegen, in welcher Weise die Motivation gefördert werden kann. Wir lassen beispielsweise die Beobachtungen *täglich* an uns zurücksenden. Die Eltern erhalten die Beobachtungsbögen mit den adressierten, für sie gebührenfreien Umschlägen.

Im folgenden sei der Ablauf und die Stoffverteilung skizziert. Als *didaktisches Hauptprinzip* empfehlen wir, den ganzen Kurs soweit wie möglich *dialogisch* mit den Teilnehmern zu gestalten: keine Einwegkommunikation. Die Teilnehmer sollen möglichst viel selber erarbeiten. Das ist selbst in den Plenarveranstaltungen ein gutes Stück weit möglich. Die Kleingruppen erleichtern den vertrauensvolleren Erfahrungsaustausch und sollen die Individualisierung des Lernprozesses optimal fördern.

Voraussetzungen:

Dauer: 9 bis 10 Abende (wöchentlich 1 bis 2 Abende – jeweils 2 bis 2 ½ Stunden – durch 7 bis 10 Wochen).

Kursleiter: 1 Kursleiter und für je 8 bis 10 Teilnehmer ein Tutor.

Räume: 1 großer Raum, in dem alle Teilnehmer bequem Platz haben, für gemeinsame Zusammenkünfte (Plenum); ferner Räume für die Kleingruppen.

1. Abend: Alltagserziehungspsychologie

Begrüßung der Teilnehmer, Vorstellung der Kursleiter, Bekanntgabe des Programms. Aufteilung der Teilnehmer in kleine Gruppen zu je 8 bis 10 Teilnehmer für die spätere Kleingruppenarbeit (Ehepartner nicht in der gleichen Gruppe).

Plenum: Eröffnungsvortrag – Formulierung der Ziele des Kurses (Vermittlung von Methoden zur Erleichterung der Verwirklichung der Erziehungsziele); Bedingungsgefüge Elternverhalten – Kindverhalten (1. Abschnitt); Erziehungsziele (2. Abschnitt).

Kleingruppen: Gruppengespräche über Erziehungsziele (etwa 30 Minuten). Überleiten in die *Alltagspsychologie der Erziehung.* Teilnehmer erarbeiten lassen. Übung 1 und 2.

Plenum: Einführung in die *Alltagspsychologie der Erziehung.* Anschließend Gruppenarbeit und Zusammenfassen bzw. Vertiefen im Sinne des Abschnittes III.

Hausaufgaben: Übungen zu Abschnitt III, Übungen 3, 4 und 5.

2. Abend: Positive Verstärkung und Verhaltensbeobachtung

Plenum: Kurze Wiederholung des Stoffes des vorigen Abends. Einführung in die Prinzipien der *positiven Verstärkung* und in die *Verhaltensbeschreibung und Beobachtung. (Abschnitt IV).*

Kleingruppen: Übung über Alltagstheorien besprechen und im Zusammenhang mit dem Inhalt über Verstärkungslernen diskutieren.
Vorbereiten der Verhaltensbeschreibung und Beobachtungsübung. Übungen 7, 8, 9 (zwei davon).

Hausaufgaben: Übungen 7, 8, 9 (zwei davon).

3. Abend: Verstärkungslernen

Plenum: Kurze Wiederholung des Stoffes des vorausgehenden Abends. Einführung in die verschiedenen Arten der Verstärkung.

Kleingruppen: Besprechung der Beobachtungserfahrungen.
Vorbereiten einer Bekräftigungsübung mit Akzent auf Verbesserung der erzieherischen Selbstkontrolle.

Hausaufgaben: Übungen 10, 11 und 12.

4. Abend: Bestrafung

Plenum: Kurze Wiederholung des Stoffes des vorausgehenden Abends.
Einführung in Bestrafungsarten und deren Wirkung.
Alternativen zur Strafe.

Kleingruppen: Besprechen der Verstärkungsübungen (10, 11, 12).
Diskussion der Bestrafungspsychologie.

Hausaufgaben: Fortsetzung der Übungen 10, 11 und 12.

5. Abend: Beobachtungslernen / Vorbild

Plenum: Kurze Wiederholung des Stoffes des vorausgehenden Abends.
Einführung in das Beobachtungs-, Nachahmungslernen (Abschnitt V).

Kleingruppen: Besprechen der gemachten Erfahrungen und der Bekräftigungsübung.
Diskussion der Theorie über das Beobachtungslernen.
Vorbereitung der Hausaufgaben: Übung 13 und 14.

Hausaufgaben: Durchführen der Übungen 13 und 14.

6. Abend: Erwartungen/Kognitive Aspekte

Plenum: Kurze Wiederholung des Stoffes des vorausgehenden Abends.
Einführung in kognitive Aspekte des erzieherischen Handelns (Abschnitt VI).

Kleingruppen: Besprechen der Hausaufgaben: Übung 13 und 14.
Vertiefen der Theorie (Abschnitt VI).
Vorbereiten der Hausaufgaben: Übung 15.

Hausaufgaben: Durchführen der Übung 15.

7. Abend: Wertschätzung

Plenum: Kurzes Wiederholung des Stoffes des vorausgehenden Abends.
Einführung in das typische Verhalten von Erziehern und dessen Auswirkungen auf die Kinder mit Darstellung der Erziehungsstile (Abschnitt VII).
Einführung in die Dimension des Erzieherverhaltens (Abschnitt VII).
Darstellung der Dimension Wertschätzung (Abschnitt VII, Kp. 3).

Kleingruppen: Besprechung der individuell durchgeführten Übungen.
Gemeinsame Durchführung der Übungsschritte 1 bis 3 der 16. Übung „Wertschätzung".

Hausaufgaben: Übung von wertschätzendem Verhalten (Übungsteil: „Wertschätzung", 4. bis 6. Übungsschritt der 16. Übung).

8. Abend: Lenkung

Plenum: Kurze Wiederholung des Stoffes des vorausgehenden Abends.
Einführung in die Dimension Lenkung (Abschnitt VII, Kp. 4).

Kleingruppen: Durchführung der Übungen zur Dimension Wertschätzung besprechen. Gemeinsame Durchführung der Übungsschritte 1 bis 3 der 17. Übung „Lenkung".
Besprechung der daneben weiterlaufenden Übung zur positiven Verstärkung.

Hausaufgaben: Übungen zur Dimension Lenkung (4. bis 5. Übungsschritt der 17. Übung).

9. Abend: Partnerschaftliche Konfliktbewältigung

Plenum: Kurze Wiederholung des Stoffes des vorausgehenden Abends.
Einführung in das Erzieherverhalten in Konfliktsituationen (Abschnitt VIII).

Kleingruppen: Besprechung der Durchführung der Aufgaben.
Besprechung des Übungsteiles „Bewältigung von Konflikten", besonders hinsichtlich des Erkennens von Konflikten und der Einteilung in „Fälle".
Rollenspiel über das Verhalten in Konfliktsituationen (abwechselnd übernehmen je zwei Teilnehmer die Rollen von Erzieher und Kind und stellen improvisiert typische Konfliktsituationen dar; die übrigen Teilnehmer beurteilen das jeweilige Erzieherverhalten).

Hausaufgaben: Übungen zu Konfliktsituationen (1. bis 5. Übungsschritt der 19. Übung).

10. Abend:

Kleingruppen: Besprechung der Durchführung der Übungen.
Besprechung der Ergebnisse der Übung zur positiven Verstärkung.
Erfahrungsaustausch zwischen Teilnehmern und Kursleitern.

Plenum: Zusammenfassung.
Der größte Teil des abschließenden Abends sollte für eine offene Diskussion und für Fragen der Teilnehmer an die Kursleiter zur Verfügung stehen.
Eingehend soll mit den Teilnehmern die Frage nach der Möglichkeit der Verstärkung des eigenen Verhaltens des Erziehers besprochen werden (Zusammenfassung). Die Teilnehmer sollen selber derartige Möglichkeiten suchen (Selbstverstärkung, Elterngruppen, Wiederholung von Trainingskursen usw).
Abschließend Durchführung einer Bewertung des Kurses durch die Teilnehmer,

am besten in mündlicher und schriftlicher Form (Fragebogen über Kursdurchführung, Unklarheiten usw.).
Nach Möglichkeit soll den Teilnehmern die Gelegenheit gegeben werden, später an einem „Follow-up"-Abend zur Auffrischung und Wiederholung, vor allem aber am Erfahrungsaustausch teilzunehmen. Gut wäre es, wenn sich aus den Teilnehmern Gruppen bildeten, die regelmäßig zusammenkommen, um Erziehungserfahrungen auszutauschen.

Fachausdrücke

Aggressives Verhalten: Darunter versteht man feindselige Verhaltensäußerungen, die beschädigenden oder verletzenden Charakter haben.

Alltagspsychologie: Bezeichnet die Psychologie des Alltagsmenschen, d. h. die Annahmen über seelische Phänomene und die Funktionsweisen seelischer Prozesse. Die Antworten auf Warum-Fragen, die Psychologisches betreffen, stützen sich normalerweise auf alltagspsychologische Annahmen, die nicht unbedingt klar bewußt sein müssen; z. B. „Warum schlägt er seine Schwester?" „Weil er eine Neigung zum Jähzorn hat. Diese war schon bei seinem Vater deutlich." Hier kommt die alltagspsychologische Annahme zum Ausdruck, daß aggressives Verhalten durch einen Charakterzug „Jähzorn" erklärt werden könne und daß dieser vererbbar sei.

Antiautoritäre Erziehung: Erziehungsstil, der durch ausdrückliche Abwendung von autoritärem, d. h. dirigistischem, geringschätzendem, diktatorischem Erziehungsverhalten gekennzeichnet wird. Der Begriff wird schlagworthaft gebraucht und ist theoretisch kaum umrissen. Antiautoritäre Erziehung muß nicht gegen *Autorität* gerichtet sein.

Autoritär: Dirigistisch, diktatorisch, geringschätzend.

Autoritärer Erziehungsstil: Wird durch hohe Lenkung und hohe Geringschätzung im Erzieherverhalten gekennzeichnet. Der Erzieher gewährt geringe Freiheit. Befehle werden ohne Begründung erteilt. Ziele werden meist durch Drohungen und Strafen durchgesetzt.

Autorität: Ansehen einer Person, das in ihren positiven Fähigkeiten oder in sachlicher Kompetenz begründet ist. Eine Erzieherpersönlichkeit verfügt über erzieherische Autorität, insofern sie das Vertrauen und die Achtung der zu Erziehenden genießt. Persönliche Autorität begründet sich im Gesamtverhalten einer Person, sachliche Autorität in der Fähigkeit oder dem Wissen über ein Sachgebiet. Echte Autorität ist streng von Scheinautorität oder angemaßter Autorität, z. B. aufgrund einer sozialen Stellung, zu unterscheiden. Keineswegs beruht echte Autorität auf autoritärem Verhalten.

Aversiver Reiz / aversive Situation: Unangenehmer Reiz oder unangenehme Situation, die man fliehen oder meiden möchte.

Begrenzungsprinzip: Das Begrenzungsprinzip beschreibt die Forderung, das Kind in seiner Handlungsabsicht oder seinem Handlungsablauf dann zu begrenzen (zu hemmen), wenn es durch sein Verhalten sich selbst oder anderen Schaden zuzufügen droht.

Beobachtungslernen: *Modellernen.*

Delinquenz: Bezeichnung für rechtswidriges oder kriminelles Verhalten.

Demokratischer Erziehungsstil: *Siehe Sozialintegrativer Erziehungsstil.*

Dimensionen des Erzieherverhaltens: Einzelmerkmale des Erzieherverhaltens treten erfahrungsgemäß bei einer Person immer gemeinsam auf; so zeigt es sich, daß z. B. das Merkmal „Höflichkeit den Kindern gegenüber" gemeinsam mit dem Merkmal „Akzeptierung der Kinder" u. ä. bei den gleichen Eltern festzustellen ist. Solche Merkmale bilden ein Merkmalsbündel, das mit statistischen Methoden abzugrenzen und als Dimension auf einer Skala darstellbar ist, die z. B. bei der Dimension „Wertschätzung – Geringschätzung" durch die Pole „Wertschätzung“ und „Geringschätzung“ bezeichnet wird. Der Vorteil des dimensionalen Erfassens des Erzieherverhaltens besteht darin, daß dadurch nicht nur extreme Typen des Verhaltens durch Einzelmerkmale erfaßt werden, sondern Abstufungen zwischen den Polen. Die Zuordnung eines bestimmten Erzieherverhaltens auf der Skala erfolgt durch trainiertes Einschätzen.

Dirigierung – Dirigismus: *Siehe Lenkungsdimension.*

Erzieherische Normen: Darunter werden hier die Erziehungsziele verstanden, d. h. die vom Erzieher oder einer Gruppe als erstrebenswert betrachteten Verhaltensweisen.

Erziehungsstil: Die Zuordnung des erzieherischen Verhaltens zu klaren, typischen Überbegriffen wie *„demokratischer Erziehungsstil“, „autoritärer Erziehungsstil“* oder *„Laisser-faire-Erziehungsstil“* nach Kurt Lewin. Diese typologischen Begriffe sind dann am leichtesten anwendbar, wenn die zu bezeichnende Erziehungsweise ausgeprägt typischen Charakter im Sinne dieser Begriffe aufweist. Da aber wesentlich häufiger „Mischtypen“ anzutreffen sind, eignet sich die dimensionale Beschreibung (siehe *Dimension des Erzieherverhaltens)* wesentlich besser zur Erfassung konkreter Verhaltensweisen, da sie graduelle Einstufungen ermöglicht.

Feinmotorik / Grobmotorik: Motorik bezeichnet die Bewegungsmöglichkeiten eines Organismus. Beherrschung, Geschwindigkeit und Koordination sind abhängig von Reifeprozessen und Lern- und Übungsprozessen. *Grobmotorik* bezeichnet großräumigere Bewegungen des Organismus während sich der Ausdruck *Feinmotorik* auf Bewegungen wie Fingerfertigkeit, Schreiben mit der Hand oder z. B. das Einfädeln des Fadens in die Nadel bezieht.

Hospitalismus: Bezeichnet körperliche und psychische Folgeerscheinungen der Vernachlässigung von Kleinkindern, besonders bei Aufenthalt in Heimen, Pflegeanstalten u. dgl. Sie ergeben sich aus dem Mangel an persönlicher Bindung und Betreuung und können sich in starken körperlichen und psychischen Entwicklungshemmungen und in hoher Anfälligkeit Krankheiten gegenüber äußern, doch auch in typischen Einzelsymptomen (z. B. Essensverweigerung).

Kausalattribution / Ursachenzuschreibung: Damit werden die Ursachenzuschreibungen bezeichnet, die wir im Alltag praktizieren, um zu erklären, warum ein bestimmtes Verhaltensergebnis eingetreten ist. Wenn die Ursachen auf Faktoren zurückgeführt werden, die der Person innewohnen, wie „Absicht“, „Faulheit“, „Begabung“, ein „innerer Konflikt“ usw., so sprechen wir von einer *internalen* Kausalattribution. Wenn die Ursachen *außerhalb* der Person gesehen werden wie „die Aufgabe war zu schwierig“, „die Beurteilung des Prüfers war unfair“ usw., so sprechen wir von einer *externalen* Kausalattribution. Die Ursachen können neben dieser Unterscheidung noch danach unterteilt werden, ob sie zeitlich eher stabiler oder vorübergehender (= labiler) Art seien. Begabung ist z. B. ein zeitlich stabiler und internaler Faktor. Fleiß ist dagegen vorübergehend und ebenfalls internal. Die zufällige Laune eines Lehrers, dem der Examensmißerfolg ursächlich zugeschrieben wird, ist labiler und externaler Art. Hingegen ist der hohe Schwierigkeitsgrad einer Kletterwand, die verantwortlich gemacht wird für den Absturz, ein stabiler externaler Faktor.

Klassisches Konditionieren: Wenn ein Ereignis (1), das ohne Lernen eine spezifische Reaktion auslöst (ein lauter Knall z. B. löst ohne weiteren Lernprozeß eine Schreckreaktion aus), einem anderen beliebigen Ereignis (2) regelmäßig und oft verbunden wird (zeitlich gemeinsam auftritt), so löst nach gewisser Zeit dieses beliebige Ereignis (2) die spezifische Reaktion aus, die vorher dem Ereignis (1) folgte. Z. B.: Wenn ein Kind in der Nacht öfter durch ein angsterregendes Geräusch – Ereignis (1) – wach wurde und Angst empfand, so kann das damit verbundene Ereignis (2) – die Nacht – nach gewisser Zeit allein imstande sein, die Angst auszulösen. Dieses Lernprinzip spielt in der Erziehungspraxis eine Rolle, da aufgrund dessen Kinder oft bestimmte emotionelle Reaktionen (z. B. Angst) erwerben (erlernen).

Kleingruppen: Besprechung der Durchführung der Aufgaben.
Besprechung des Übungsteiles „Bewältigung von Konflikten", besonders hinsichtlich des Erkennens von Konflikten und der Einteilung in „Fälle".
Rollenspiel über das Verhalten in Konfliktsituationen (abwechselnd übernehmen je zwei Teilnehmer die Rollen von Erzieher und Kind und stellen improvisiert typische Konfliktsituationen dar; die übrigen Teilnehmer beurteilen das jeweilige Erzieherverhalten).

Kognitiv / Kognitionspsychologie: Bezeichnet Phänomene des Denkens und Erkennens, im weitesten Sinne Phänomene der Informationsaufnahme und Informationsverarbeitung bei der Wahrnehmung und im Denken. Die *Kognitionspsychologie* untersucht dieses Phänomen.

Kontrollerfahrung: *siehe Reaktionsabhängigkeit der Konsequenzen.*

Kontrollüberzeugungen: internale / externale: Bezeichnet die subjektive Gewißheit, die jemand via Kontrollerfahrungen erworben hat, selber fähig zu sein, Einfluß auf seine Umgebung auszuüben zu können, Umwelt regulieren zu können (das ist die *internale* Kontrollüberzeugung). Das Ausmaß der Kontrollüberzeugung wird bestimmt durch die Anzahl der verschiedenen Situationen und Handlungsbereiche, in denen eine Person überzeugt ist, Einfluß ausüben zu können. Die *externale* Kontrollüberzeugung bezeichnet die subjektive Gewißheit, daß externe Faktoren (fremde Personen oder das Schicksal) verantwortlich sind für künftige eigene Handlungsergebnisse. Während sich die Kausalattribution auf gegenwärtige und vergangene Ereignisse bezieht, sind die Kontrollüberzeugungen als Erwartungen auf die Zukunft gerichtet.

Laisser-faire-Erziehungsstil: Zeichnet sich durch freundliche Passivität des Erziehers aus. Der Erzieher engagiert sich minimal, und sein Verhalten ist charakterisiert durch extremes Gewährenlassen.

Leistungsmotivation: *s. Motivation.*

Lenkungsdimension: Diese *Dimension* des Eltern- und Erzieherverhaltens ist hinsichtlich der Auswirkungen auf das Verhalten der Kinder besonders wichtig. Die kennzeichnenden Merkmale erstrekken sich zwischen den Polen „starke Lenkung" (häufige Befehle und Anordnungen ohne Begründung, Vorwürfe, Drohungen, Strafen) und „geringe Lenkung" (wenig strikte Befehle und Anordnungen als Ausdruck von Überlegenheit und Macht, wenig Vorwürfe, Drohungen und Strafen, weiter Freiraum für die Selbstbestimmung des Kindes). Zwischen den Polen bestehen entsprechende Abstufungen.

Lernen durch Einsicht: Beim Lernen durch Einsicht kommt eine Änderung des Verhaltens durch das intellektuelle Erfassen und Verstehen der Aufgaben- und Problemstruktur zustande.

Modell: EinVorbild, das zumeist unbewußt das eigene Verhalten bestimmt, es löst den *Modellernprozeß* aus. Z. B. wird eine wertschätzende Erzieherpersönlichkeit (als Modell für das *Modellernen* oder *Beobachtungslernen*) unter bestimmten

Bedingungen bei den Kindern die Nachahmung des wertschätzenden Verhaltens fördern.

Modellernen: Ein Lernprozeß, der durch die Nachahmung eines Vorbildes (*Modells*) zustande kommt. Dabei beeinflussen die Folgen des am Vorbild beobachteten Verhaltens Möglichkeit und Wirkungen dieses Prozesses entscheidend.

Motivation: In der Psychologie Bezeichnung für alle Einflüsse, die das Verhalten eines Menschen bestimmen und kontrollieren und nicht unmittelbar aus äußeren Reizen ableitbar sind. Die Motivation umfaßt Vorgänge und Zustände wie Affekte, Antriebe, Bedürfnisse, Drang, Gefühl, Interesse, Triebe usw. Im engeren Sinn ist die Motivation die Aktivierung eines solchen Affektes usw. durch eine wahrgenommene Möglichkeit einer Befriedigung. Die Motive sind meistens nicht bewußt. In der Erziehung benennt man „Motivieren" das Ausnützen und Verstärken der eigenen Antriebe des zu Erziehenden in Richtung auf das Erziehungsziel oder das konkrete Lernziel hin.

Negative Verstärkung: Wenn ein Verhalten in seiner Folge einen unangenehmen Zustand beseitigt, so erhöht sich die Wahrscheinlichkeit, daß dieses Verhalten sich beim Auftreten diese Situation wiederholt. Wenn z. B. eine Mutter ihr schreiendes Kind durch zärtliches Streicheln beruhigen kann, so wird ihr zärtliches Streicheln negativ verstärkt (umgekehrt wird das Schreien positiv verstärkt).

Positive Verstärkung: Ein Verhalten, das eine angenehme Konsequenz (Belohnung) zur Folge hat, wird wahrscheinlich wiederholt auftreten. Maßnahmen, die die Wahrscheinlichkeit des Auftretens eines Verhaltens derart (durch Setzung positiver Folgen) erhöhen, werden „positive Verstärkung" genannt. So werden z. B. Lob oder Belohnung für Schönschreiben die Wahrscheinlichkeit erhöhen, daß ein Schüler öfters schön schreibt.

Primäre Verstärker: Verhaltenskonsequenzen, die ihre angenehme Qualität nicht durch Lernprozesse, sondern angeborenerweise besitzen. Z. B. Nahrung im hungrigen Zustand oder sexuelle Reaktionen →Sekundäre Verstärker.

Reaktionsabhängigkeit, – Unabhängigkeit der Konsequenzen: Reaktionsabhängigkeit der Konsequenzen besagt, daß die Person erleben kann, daß die Folgen, die Ergebnisse (Konsequenzen) von Handlungen von den eigenen Reaktionen abhängig sind. Das nennt man *„Kontrollerfahrung"*. Dies führt zur Erwartung, daß bestimmte Reaktionen (Verhaltensweisen) geeignet sind, bestimmte Ergebnisse (Ziele) herbeizuführen. Bei der *Reaktionsunabhängigkeit* der Konsequenzen kann dieser Zusammenhang nicht erlebt werden; die Handlungsergebnisse werden als schicksalshaft (externale Ursachenzuschreibung) erlebt. Die Person macht die Erfahrung der *„Nichtkontrolle"*. Sie kann im erlebten Bereich keine Kontrolle über die Umwelt ausüben.

Restriktive Erziehung: Erziehung mit viel Einschränkungen, die dem Kind einen kleinen Verhaltensspielraum läßt. Siehe auch Lenkung.

Rolle / Rollendefinition: Die Verhaltenserwartungen und Normen, die einer Person von ihrer Umwelt zugedacht werden oder die eine Gruppe oder eine Gesellschaft mit bestimmten sozialen, beruflichen oder gesellschaftlichen Positionen verbindet.
Die *Rollendefinition* umschreibt diese Erwartungen, z. B. was erwarten wir von einem guten Lehrer? Das ist die ihm zugedachte Rolle.

Sekundäre Verstärker: Verhaltensfolgen, die ihre angenehme Qualität aufgrund von Lernprozessen erhalten haben. Z. B. Lesen als Belohnung oder eine bestimmte Art von Lieblingsmusik.

Selbstbekräftigung – Selbstverstärkung: Der Begriff bezeichnet zwei unterscheidbare Formen der Verstärkung: 1. Jemand belohnt sich bewußt selbst für ein bestimmtes Verhalten, eine bestimmte Leistung, und verstärkt damit dieses Verhalten. Z. B. gönnt man sich ein bestimmtes Vergnügen für eine Leistung und setzt damit eine Verstärkung. 2. Jene positive Verstärkung, bei der die verstärkenden Verhaltensfolgen automatisch aus der Handlung selbst hervorgehen, so daß sich ein Verhalten unmittelbar selbst verstärkt. Z. B. wird das Naschen eines Kindes durch seine angenehmen Folgen selbst verstärkt. Das Verhalten und seine angenehmen Folgen fallen mehr oder minder automatisch zusammen.

Sozialintegrativer Erziehungsstil *(Demokratischer Erziehungsstil):* Zeichnet sich durch hohe *Wertschätzung* und ein geringes bis mittleres Maß an *Lenkung* aus. Der Erzieher gewährt relativ viel Freiheit und fördert aktiv durch Zuwendung, Unterstützung und vertrauensvolle Beteiligung des Kindes an Entscheidungen die soziale Reife und Persönlichkeit des Kindes.

Stellvertretendes Lernen: Wenn ein Lernprozeß nicht aufgrund von selbst erlebter Belohnung oder Bestrafung eines Verhaltens zustande kommt, sondern aufgrund der Beobachtung von Belohnung oder Bestrafung bei einer anderen Person, spricht man vom *stellvertretenden Lernen*. Beobachtet z. B. ein Kind ein Vorbild *(Modell)*, das für sein Verhalten (etwa Lügen) bestraft wird, wird es selber vermeiden, dieses Verhalten zu äußern; umgekehrt wird es die Verhaltensweise eines Modells nachahmen, das dafür belohnt wurde.

Subsidiaritätsprinzip: Besagt, daß Hilfe und Unterstützung an Individuen, sozialen Gruppen oder Gesellschaften dann angezeigt ist, wenn diese sich nicht mehr selber zu helfen wissen.

Verhaltensanalyse: Die Verhaltensanalyse soll die Bedingungen (verursachenden Faktoren) ermitteln, die für die Aufrechterhaltung eines bestimmten Verhaltens entscheidend sind – z. B. bestimmte Verstärkungsbedingungen für die Aufrechterhaltung von Trödeln bei den Hausaufgaben. Durch die Verhaltensanalyse werden die Voraussetzungen erarbeitet, die Bedingungen derart zu ändern, daß das erwünschte Verhalten möglich und wahrscheinlich wird.

Verhaltensausformung (sukzessive): Methode, durch die ein erwünschtes Verhalten schrittweise aufgebaut wird. Es werden zunächst Verhaltensweisen verstärkt, die Vorstufen des gewünschten Verhaltens sind. Schrittweise wird die Verstärkung verlagert auf eine angemessenere Annäherung an das Zielverhalten, bis unter günstigen Bedingungen das Zielverhalten erreicht wird.

Wertschätzungsdimension: Auch „emotionale Dimension“ genannt. Erstreckt sich zwischen den Polen „Wertschätzung“ – emotionale Zuwendung – und „Geringschätzung“ – Kälte und Ablehnung – im Erzieherverhalten. Neben der *Lenkungsdimension* die zweite wichtige Dimension des Erzieherverhaltens, die besonders für den sozialen Kontakt bedeutsam ist.